Esoterik

Herausgegeben von Gerhard Riemann

Karin Brandl, Jahrgang 1960, ist Künstlerin und Diplomdesigne-
rin. Seit vielen Jahren beschäftigt sie sich mit Tarot, Astrologie,
Meditation, Trance, Geomantie und verwandten Themen.

Von Karin Brandl ist außerdem erschienen:

Tarot – Das eigene innere Wissen wahrnehmen (Band 86059)

Originalausgabe Juli 1996
Copyright © 1996 Droemersche Verlagsanstalt
Th. Knaur Nachf., München

Umschlagillustration: Peter F. Strauss
Satz: Ventura Publisher im Verlag
Druck und Bindung: Ebner Ulm
Printed in Germany
ISBN 3-426-86092-9

2 4 5 3 1

Karin Brandl

Magie

Die Kreativität des inneren Kindes

Vignetten und Illustrationen
von Karin Brandl

Ich weiß, daß alles, was ich weiß,
nur ein Tropfen ist
im Ozean dessen, was ich nicht weiß.
Und doch: Was fehlte mir,
wüßte ich den Tropfen nicht? –
Der Ozean.

Inhalt

Teil I
Allerhand Zaubergarn

Teil II
Magisches Sammelsurium

Teil I
Allerhand Zaubergarn

Das Labyrinth der vier Elemente, Linolschnitt

Die alten Knochen besingen

Heute nacht ist Neumond. Ein guter Beginn für eine Reise in ein phantastisches Gebiet. Neumondnächte sind dunkel. Ich muß mich auf mein Gespür verlassen. Das hat sehr viel mit Magie zu tun. Magie ist die Sprache der Seele. Eine Stimme aus dunkler Tiefe. Sie ist nicht die Stimme des Teufels, wie uns manche bigotten Fanatiker schon vor Jahrhunderten glauben machen wollten.

Magie ist eine alte Kunst, so alt wie die Menschheit und sie gehört zu den Menschen. Magie bedient sich einer Kraft oder Energie, die selbst die moderne Wissenschaft nicht erklären kann, obwohl sie ihr Vorhandensein mißt und ihre Ergebnisse statistisch auswertet. Die ParapsychologInnen erforschen die Auswirkungen dieser Kraft und haben ihr den Namen »PSI-Energie« gegeben.

Diese Bezeichnung ist heute in der Parapsychologie üblich und benennt alle paranormalen Phänomene wie Vorahnungen, Hellsehen, Hellträumen, Visionen, Erscheinungen, Telepathie usw. PSI ist der 23. Buchstabe des griechischen Alphabets und der Anfangsbuchstabe von Wörtern wie Psyche (Seele, Bewußtsein) und psychisch oder Psychologie (Wissenschaft vom Bewußtsein). Außerdem ähnelt das griechische Zeichen für PSI dem astrologischen Symbol des Neptun, das einen Dreizack darstellt. Neptun ist in der Astrologie für alles Feinstoffliche zuständig, sowie u.a. für die Bereiche der Intuition und der paranormalen Phänomene. Und die ganz ähnliche germanische Rune »Elhaz« war das Zeichen für den Menschen in der Blüte seiner Kraft und bedeutet auch Kontakt zum Überpersönlichen.

Magie liefert die Rezepte zum Einsatz der PSI-Energie, aber sie ist noch viel mehr. Der magische Weg, auf dem du dich gerade befindest (sonst würdest du dieses Buch jetzt nicht lesen), führt dich über deine Grenzen hinaus. Du bist auf der Suche. Du willst tiefer eindringen in die Dinge, die dich umgeben.
Vielleicht sind dir seltsame »Zufälle« passiert, die dich aufmerksam gemacht haben. Der magische Zusammenhang existiert auch und gerade im Alltag. Alles scheint miteinander verwoben. Gegenstände und Situationen ordnen sich gemäß eines inneren Sinns zueinander, den wir oft erst später verstehen. PSI beeinflußt uns ständig, allerdings auf der unbewußten Ebene. Wir handeln viel öfter unter magischen Gesichtspunkten, als uns bewußt ist. Und wir senden ebenso unbewußt ständig Signale dieser geheimnisvollen PSI-Energie aus. Mit Hilfe magischer »Kochrezepte« können wir lernen, diese Energie sinnvoll zu lenken.
Ich beschäftige mich schon sehr lange mit diesen Re-

zepten. Als Kind lebte ich ganz in einer magisch-phantastischen Welt. Das Phantasiereich der Kinder ist noch nicht von Pflicht und Arbeit überlagert. Die Kinder sind frei von den Gedanken, die uns Erwachsene ständig plagen. Unser Alltag ist vom Verstand strukturiert, der auch unsere innere Stimme überschreit, weil sie sich oft sehr kindlich ausdrückt.

Meine magischen Rituale sind dem Kind gewidmet, das ich einmal war und das als »inneres Kind« in mir fortlebt. Mir ist bewußt, daß ich mit meinen kleinen Handlungen das innere Kind streichle und ihm Ausdrucksmöglichkeit und Bildsprache biete, die es versteht. Magie und magisches Denken mutet oft recht »naiv« an, wenn wir es mit unserem aufgeklärten Erwachsenenwissen vergleichen. Daß unser inneres Kind jedoch manches besser weiß, als der Verstand, zeigt sich in den Ergebnissen. Dieses Kind kennt die Liebe ohne zu fragen. Es fühlt sich mit dem ganzen Leben verbunden. Das innere Kind führt uns in seiner schlichten Weisheit zu der Freiheit zurück, die wir als Kinder genossen haben.

Erwachsene können nicht zaubern, denn sie haben den Schlüssel zum Zauberreich verloren. Sie müssen das innere Kind wiedererwecken, das mit Vertrauen und Weisheit, aber auch mit Witz und Humor die Pforte öffnet. Magie praktizieren bedeutet, in Dialog mit diesem Kind zu treten. Die erwachsene Seite läßt sich von dem Kind führen.

Als ich anfing, dieses Buch zu schreiben, war es mein inneres Kind, das mich piesackte: »Schreib das jetzt alles auf! Ich zeige dir auch, wie du anfangen mußt. Laß dich einfach führen.« Ich entschloß mich, in Trance zu gehen.

Trance, Meditation oder Selbsthypnose, ganz gleich, wie du es nennst, ist ein »heißer Draht« zu deinem Unbewußten und damit auch zu deinem inneren Kind und zu deinem inneren Wissen. Ich praktiziere seit vielen Jahren eine bestimmte Technik im Liegen, die ich später noch genauer beschreiben werde. Ich unterscheide nicht zwischen verschiedenen Tiefen der veränderten Bewußtseinszustände, denn für mich fühlen sie sich alle ähnlich an, obwohl sie körperlich unterschiedlich wirken. Aber wir fühlen uns auch nicht jeden Tag gleich. Unser Befinden hängt von so vielen Faktoren ab, daß sich die Bewußtseinszustände nicht katalogisieren lassen. WissenschaftlerInnen messen die Gehirnwellen während verschiedener Bewußtseinszustände und unterscheiden sie somit. Ich verwende die Begriffe Trance und Meditation synonym.

Du kannst in diesen Zustand gelangen, indem du Löcher in die Luft guckst, eine Visualisierung machst, trommelst oder tanzt, atmest und vieles mehr. In jedem Fall bewirkst du dadurch einen konzentrierten und doch losgelösten Zustand. Und in genau diesen begab ich mich.

Es war erstaunlich, urplötzlich umfing mich eine Woge von warmer Energie, so als würde das Meer über mir zusammenfließen. Kein unangenehmes Gefühl, im Gegenteil, eine spielerische Leichtigkeit begleitete das Ganze. Ich gab mich diesem Gefühl hin. Ein Strom von Bildern floß an meinem inneren Auge vorbei. Ich hielt die Bilder nicht an, denn ich wollte mich damit nicht befassen. Vielmehr wollte ich dieses Gefühl des Fließenlassens erhalten und ins Wachbewußtsein mitnehmen. Nach einer langen Zeit des schwerelosen Dahintreibens gab ich mir die Prägung: »Laß dich führen, zu diesem Buch, zu diesem Thema, zur Magie. Erinnere dich an alles. Schreib alles auf.« Nach drei tiefen Atemzügen war ich wieder wach.

Und ich wurde geführt. Geradewegs zu der Kokosnuß, in der ich kleine, für mich wertvolle Gegenstände bewahre. Die Nuß besitzt für mich reinigende und heilende Kraft, denn sie ist eine Samenhülle, ein Keimgefäß. Und sie symbolisiert das Wachstumspotential der Natur. Alles, was eine Weile dort drin gelegen hat, ist mit Kraft aufgeladen, behaupte ich. Manche Dinge liegen schon seit vielen Jahren dort, wie der dünne Vogelknochen, mit dem ich mich, leihweise, durch die Lüfte schwingen kann.

Lach jetzt nicht, denn leihweise kannst du das auch! Ein Vogelknochen stimuliert die Vorstellungskraft, auch wenn dein Verstand gar keine Vorstellung davon hat, wie sich das Fliegen anfühlt. In dem Knochen ist die Erinnerung bewahrt, an die klare Luft, an die Freiheit des Flugs, an den Wind, an die Baumwipfel und an alles, was der Vogel erlebt hat. Der Knochen leiht dir diese Empfindungen, und im richtigen Moment, mit der richtigen Intention und Energie, spürst du sie, z. B., wenn du dich in Trance mit dem Knochen verbindest.

Knochen haben aber noch eine andere Bedeutung. Sie sind der Rest von einem lebendigen Wesen. Sie hatten einst die Aufgabe, seinen Körper zu stützen und zu formen. Wir sprechen in übertragenem Sinne von einem Skelett, wenn wir eine Grundform oder Basis meinen, die mit »etwas« drumherum bekleidet ist. Die Knochen sind also die feste Basis eines Lebewesens und sie bleiben nach dem Tod am längsten erhalten.

Aber ich fand noch mehr in meiner Zaubernuß: einen winzigen Frosch aus Perlmutt und eine kleine Kugel aus Lapislazuli, kleiner noch als die ganz kleinen Murmeln. Beide interessierten mich sehr. Ich hatte das deutliche Gefühl, daß sie mir etwas sagen wollten. Aber was? Mein Verstand war noch begriffsstutzig. Frosch? Was bedeutet er? Mir fiel ein: Sei kein Frosch! Das wertete ich als deutliche Aufforderung aus meinem Unbewußten. Aber … ein Frosch mit Kugel? Ach ja, Froschkönig! Der Frosch verlangte die goldene Kugel … aber halt, meine Kugel ist blau. Blau: Farbe der Ferne, Tiefe, Intuition. Hintergrund, blauer Himmel, blaue Stunde, blaue Blume, Romantik, Phantasie, ganz ähnlich wie der Bilderstrom in der Trance kam nun ein Wortstrom hervor. Blau. Blauäugigkeit. Unbefangenheit. Unbefangenheit? Sei nicht befangen! Fang einfach an! Ich war verblüfft. Das war also das erste, was mir die beiden Gegenstände sagten. Ganz nebenbei: das war bereits eine Trockenübung aus der »Sprachmagie«. Die PsychologInnen nennen es Freies Assoziieren.

Ich beschloß, »bald« mit dem Schreiben zu beginnen.

Abends legte ich die beiden Winzlinge unters Kopfkissen, damit mir nichts auskäme, wenn sie mir noch mehr zuflüstern. Die Nacht war furchtbar. Ich wachte pünktlich zur »Laus-über-die-Leber-gelaufen-Zeit« (zwischen 2 und 4 Uhr) auf. Um diese Zeit fängt die Leber wieder an zu arbeiten, wie einst die Bäcker, zu nachtschlafender Zeit. Wenn dann noch eine Laus vom Vortag darauf sitzt, dann heißt es mitarbeiten und nachdenken und grübeln und der Leber beim Sortieren helfen.

Ich hatte das deutliche Gefühl, daß die beiden Winzlinge unter meinem Kopfkissen wie die sprichwörtliche Erbse der Prinzessin aus dem Märchen »drückten«. Nach einem kurzen Disput mit meinem Verstand, der das Ganze als Einbildung abtun wollte, versetzte ich Frosch und Kugel an den Bettrand.

Und glaube mir, mein Bett ist groß! Unmerklich rückte ich meinem schlaflosen Hinundhergewälze von der Bettseite ab, wo Frosch und Kugel lagen. Als ich das Licht wieder anmachte, lag ich fast an der Wand. Zuletzt verbannte ich sie ganz aus dem Bett und ... schlief ein.

War das nun der Anfang einer selbstgezimmerten Neurose oder haben die Gegenstände aus der Zaubernuß tatsächlich Kraft? Die Frage kann ich dir nicht beantworten. Was du glauben willst, stimmt – für dich und für dein System, nicht notwendigerweise für uns alle. Aber weiter im Text: Am nächsten Morgen verstanden es die beiden Teilchen gut, sich wieder in mein Blickfeld zu schieben. Irgendwann nahm ich ein Stück weiße Seide, schnitt ein kreisrundes Stück zurecht (es hätte sicher auch ein Viereck sein können, aber das Kind wollte einen Kreis), wickelte Frosch und Kugel darin ein und versenkte beides in meiner rechten Hosentasche. Das war ganz passend, denn rechts ist die bewußte Seite und ich wollte mir ja klarwerden über den Anfang des Buches, bald usw.

Jetzt, wo ich diese Geschichte aufschreibe, muß ich lachen über den Wahrnehmungsfilter, der es mir nicht erlaubte, die schon erhaltene Botschaft schlicht und einfach zu befolgen, d. h. anzufangen mit der Arbeit des Schreibens. Ich wartete immer noch auf eine spektakuläre Inspiration. Je länger wir aber auf der Leitung stehen, desto stärker versucht unser Unbewußtes, uns in die vorgesehene Richtung zu dirigieren. Und so war es.

Rein »zufällig« stieß ich auf noch mehr Zauberknochen. Keine zum Anfassen, sondern auf eine Geschichte, ein altes Indianermärchen. Die Indianer erzählen von einer Frau, die in der Wüste lebt. Einsame Wanderer könnten manchmal aus der Ferne sehen, wie sie sich bückt und etwas vom Boden aufhebt. Sie sammelt die Knochen der Kojoten. Wenn sie ein vollständiges Skelett beisammen hat, dann besingt sie die Knochen so lange, bis ... sie sich mit Fleisch überziehen und der Kojote wieder lebendig ist. Ein wahres Wunder! So etwas funktioniert nur, weil die alten Knochen die Erinnerung bewahrt haben, behauptet zumindest das Kind.

Wiederbeleben von alten Knochen – das mache ich

auch mit meiner Vogelknochenflugmagie. Und das tun alle, die sich mit Magie befassen, darüber reden oder schreiben. Im Computerzeitalter ist Magie wie ein alter Knochen, ein Relikt aus früherer Zeit. Einst eine lebendige Wissenschaft unserer AhnInnen, zwischenzeitlich in Vergessenheit geraten und in den Untergrund gedrängt, wird sie heute wieder »besungen«.

Magie ist eine archaische Kunst. Ihre Kraft ist ein Teil unseres Seins, der heute mehr denn je auf unsere Gesänge und Tänze wartet und wieder zum Leben erweckt werden will. Magie ist eine wilde Kraft des Unbewußten. Sie kann dich mit sich fortreißen und überschwemmen. Sie kann sogar ein eigenständiger Teil deiner selbst werden, der ein verborgenes Eigenleben führt. Aber du kannst auch lernen, mit dieser Kraft zu kooperieren. Sie kann dir und deinem Leben außerordentlich nützlich sein, vor allem in einer Zeit, in der alle Glaubensvorstellungen sich aufzulösen scheinen und auch die materialistische Wissenschaft zugeben muß, daß sie nicht mehr auf alle Fragen eine Antwort weiß.

Der erste Schritt hin zur magischen Welt ist deine Achtsamkeit. Magisch ist sehr viel mehr, als du denkst. Ich bin sicher, du hast schon viele magische Situationen erlebt. Schau dich um: Wie viele Dinge passieren, kaum, daß du auch nur dran gedacht hast? Hast du sie vorausgeahnt oder initiiert? Wie viele deiner Wünsche und Vorstellungen sind früher oder später in Erfüllung gegangen? Auch das ist Magie. Je mehr du auf solche »Zufälligkeiten« in deiner Umgebung achtest, desto häufiger werden sie. Du erinnerst dich, Magie hat viel mit dem inneren Kind zu tun. Beachte dein inneres Kind und nimm es ernst, dann wird es sich um so häufiger zeigen. Wenn du mit ihm spielst und auf seine Wünsche eingehst, auch wenn sie dir befremdlich erscheinen, zeigt es dir seine ganze Zauberwelt.

Mir ist auch klargeworden, daß das Wiedererwecken des inneren Kindes ein Akt der Heilung ist. Dieses Rückerinnern an den vorintellektuellen Zustand, an die Zeit, in der ich in der Erwachsenenwelt nichts hatte, nichts wußte und nicht mitreden konnte, brachte mir meine ureigene Lebenskraft zurück, die ich in Krisenzeiten bereits verloren glaubte. In diesem Sinne ist für mich die heute so weit verbreitete Beschäftigung mit magischen und esoterischen Inhalten mehr als nur eine Protestbewegung gegen unsere menschlich immer kälter werdende Gesellschaft. Für mich ist sie in der Tat ein Mittel zur kollektiven Heilung der Gefühl- und Verantwortungslosigkeit, die das rein materiell orientierte Handeln bestimmen.

Wie bei jedem Heilmittel können sich jedoch bei falscher Anwendung Risiken und Nebenwirkungen ergeben. Von jenen, die sich aus der Gesellschaft ausklinken und ihre Kräfte ganz ins Nirwana verlagern, geht keine kollektive Heilung aus. So gut auch ein spiritueller Ansatz sein mag, wenn er nicht im Hier und Jetzt verankert ist, ist er nutzlos. Menschen, die nur mehr lächelnd durch die Gegend schweben und ihren Mund im Alltag nicht mehr aufmachen, nur weil sie sich mit einem Bein schon im Land der Seligen wähnen, heilen nichts. Wo immer eine spirituelle Elite sich auf einer geistigen Insel außerhalb der Gesellschaft isoliert, wird die Spaltung von Kopf und Bauch, von Körper und Seele erweitert anstatt aufgehoben.

Magie ist angewandte Psychologie. Sie funktioniert im kleinen, bei den einzelnen Menschen, in, durch und mit ihrer individuellen Psyche. Aber auch eine Gruppe von Menschen hat ihre eigene kollektive Psyche, die aus der Summe der einzelnen zusammenkommt. Integer ist eine Gesellschaft nur, wenn sie alle ihre verschiedenen Gruppen integriert anstatt separiert. Jede spirituelle Gruppe, die »aussteigt« oder an den Rand gedrängt wird, zieht ihre Spiritualität aus dem Ganzen heraus. Mir erscheint es deshalb sinnvoller, spirituelles und magisches Denken und Tun in den Alltag einzuflechten. Arbeitswelt, Politik und Wirtschaft werden mit spirituellem Bewußtsein unterlegt. Streichle deinen Kopierer oder dein Auto ab und zu, damit sie gern mit dir zusammenarbeiten, und schließe das Kernkraftwerk in deiner Nähe (so schnell werden sie es jetzt nicht abschalten!) öfter mal ins Nachtgebet mit ein, damit es auch weiterhin mit uns kooperiert. Denn wie wir immer wieder feststellen müssen, haben wir Menschen nicht alle Macht über die Dinge, die wir erschaffen. Unser inneres Kind hat das immer schon gewußt.

Ein Netz aus Energie

Im vorigen Kapitel habe ich von dem inneren Kind gesprochen, das in uns allen steckt und dessen Hilfe wir für Magie und erweiterte Wahrnehmung brauchen. Sieh dir die Welt der Erwachsenen an. Wo ist der Zauber? Wo ist der Glaube an das »Unmögliche«? Wo sind Phantasie und Träume?

Als Kinder hatten wir das alles noch, aber die Anforderungen unserer heutigen Lebens- und Arbeitsformen und auch der Wust an Informationen, der Tag für Tag auf uns einprasselt, ersticken die Phantasie weitgehend. Elend, Krieg und Grausamkeit, die uns die Medien ständig präsentieren, machen uns stumpf und unempfindlich. Das ist durchaus verständlich. Wollten wir all dem, was wir Tag für Tag zu sehen bekommen, unser aufrichtiges Mitgefühl schenken und uns dann auch noch für Veränderungen einsetzen, dann hätten wir sofort einen neuen Vollzeitjob. Deshalb heißt es leider oft: »Krieg auf dem Balkan oder Massenmord in Afrika, alles einerlei. Das ist doch ganz weit weg! Und nach der Tagesschau kommt der Spielfilm.«

Aber dieser Mechanismus vergewaltigt das innere Kind! Ein Kind wird von Bildern der Grausamkeit tief beeindruckt. Es bräuchte dann Beistand zur Aufarbeitung seiner Angst. Wenn deine erwachsene Seite dazu nur sagt: »Das ist alles ganz weit weg« oder »Das geht mich nichts an«, dann bleibt dein inneres Kind allein damit und eine dumpfe Angst bleibt zurück, zusammen mit einer tiefverwurzelten Einstellung von Hoffnungs- und Machtlosigkeit. So verschüttest du deine Empfindungsfähigkeit und damit den Zugang zu erweiterter Wahrnehmung. Für die Magie benötigst du aber dieses feine Gespür für dich und andere und die Offenheit, alles – auch das Unangenehme wie deine Wut, Angst usw. – zu betrachten und zu erleben.

Hier wird Ausgewogenheit sehr wichtig. Das Öffnen deiner Wahrnehmung darf nicht zur Überflutung führen. Unser Unbewußtes ist im Prinzip in der Lage, *alles*, was ist, wahrzunehmen. Allerdings würden wir durchdrehen, wenn wir auch nur einen Augenblick lang das gesamte Universum erfassen könnten. Deshalb besitzen wir Wahrnehmungsfilter, die nur soviel Information in das Bewußtsein durchlassen, wie wir verarbeiten können. Das ist gut so. Doch jedes Ding hat zwei Seiten. Ständiges Abstumpfen, z. B. gegenüber Grausamkeit, bewirkt mit der Zeit ein besonders »dickes Fell«. Du kannst dann immer mehr davon »vertragen«, ohne daß es dich emotional berührt. Das ist auch ein solcher Wahrnehmungsfilter. Du nimmst die Information auf, aber du schneidest dich von deinen unangenehmen Gefühlen dazu ab.

Deshalb schalte öfter den Fernseher aus als deine Gefühle! Mache dir bewußt, daß du all das, was du Tag für Tag in reißerischen Bildern vorgesetzt bekommst nicht mehr verarbeiten kannst. Damit meine ich nicht, du solltest jetzt Augen und Ohren ganz zumachen und in andere Sphären abheben. Ich denke, eine sachliche und richtige Berichterstattung ist absolut notwendig, denn das Deckmäntelchen der Heimlichkeit gibt Gewalttätern völlig freie Hand. Aber die unsensible Art und Weise, wie wir massenweise diese Berichte vorgesetzt bekommen, stumpft auf Dauer ab. Werden wir aber unempfindlich gegen das äußere Erscheinungsbild von Gewalt, dann zementieren wir sie auch in uns.

Wir sind umgeben von einem Netz aus Energie und wir sind mit diesem Netz selbst verknüpft. Genaugenommen sind wir »strahlende Wesen in einer strahlenden Welt« und letztendlich besteht alle Materie aus verdichteter Energie. Von jedem Wesen, von jedem Gegenstand geht eine besondere Ausstrahlung aus, gemäß seiner ureigensten Qualitäten.

Auf dieser Energieebene ist das gesamte Universum eins, alles ist mit allem verbunden. Unsere zwischenmenschliche Kommunikation spielt sich ebenfalls zum Großteil auf dieser Ebene der »Ausstrahlungen« ab. Wenn du dich für diese Energien öffnest, dann wirst du insgesamt empfindlicher. Ich kenne Menschen, die aufgrund ihrer verfeinerten Wahrnehmung sehr unter jeglicher Grausamkeit oder Verletzung leiden, auch wenn es sie selbst nicht betrifft, ja sogar, wenn es nur ein Spielfilm ist. Diese Leute, so verschieden sie sonst auch sein mögen, haben alle eines gemeinsam: sie konnten sich ihre Empfindungsfähigkeit aus der Kindheit entweder bewahren oder, sofern sie verschüttet wurde, mit Hilfe von Meditation, Therapie, Selbsterkenntnis o. ä. zurückholen.

Diese erhöhte Empfindlichkeit als Nebenwirkung aller bewußtseinserweiternden Techniken, wie auch der Magie, halte ich allerdings für die große Chance, eine gewaltfreiere und damit schönere Zukunft zu gestalten.

Menschen, die mit ihrem inneren Kind kooperieren und es nicht abwürgen, können Grausamkeit eher spüren und definieren als jene, die die Zähne zusammenbeißen, um nur ja keine Miene zu verziehen. Weil sie in sich selbst fühlen, was sie tun, geben sie Gewalt nicht unbewußt weiter.

Doch der Weg dorthin ist lang und steinig. Wenn du dein inneres Kind entdeckst, stößt du unweigerlich auch auf all den Schmerz, der ihm zugefügt wurde. Willst du die alte Kraft vitalisieren, dann mußt du alles auflösen, was sie jemals zugedeckt, beschnitten und gebrochen hat.

Die Magie, die ich meine, ist keine Spielerei und hat nichts mit rituellem Formelkram zu tun, den du nur auswendig zu lernen brauchst und schon klappt es! Magie ist eine »starke Sache« und du mußt dich ganz darauf einlassen. Nicht nur du kannst dann etwas damit bewirken, sie bewirkt auch manches in dir. Und Magie ist überall, weil alles von einem Netz aus Energie durchzogen ist.

Wenn du nicht bereit bist, dich zu öffnen mit all deinen Sinnen und Gefühlen, dann vergiß das Zaubern, vergiß die Magie. Wenn du dich nicht einweben lassen willst in das Netz des Ganzen, dann laß es sein. Wenn du nicht die Grenzen und den Schmerz deiner selbst und anderer erkennen und achten willst, dann laß die Finger davon.

Jedes Ritual, jedes starke Wort, besitzt experimentellen Charakter. Das Gelingen liegt nicht allein in deiner Macht. Wenn du glaubst, du könntest »von außen« wirken, dann liegst du falsch. Du mußt als erstes bewußt eintreten ins Leben, ins Ganze, in den Kreislauf der ewigen Spirale, wach werden und achtsam …

Hier ist der Eingang ins Labyrinth. Wenn du dich einläßt, wirst du dich nie wieder heraushalten können. Es liegt in deiner Hand.

Der zyklische Drache, Holzschnitt

Willkommen auf der anderen Seite! Nun bist du eingetreten in die magische Welt. Hier ist prinzipiell alles möglich, vorausgesetzt, du hast genügend Phantasie. Nun will ich weiter aus meinem Zauberkästchen plaudern und einige Tricks und Rezepte einstreuen.

Es sind zwei Welten ...

Grundlage des magischen Denkens ist die Überlegung, daß es zwei Welten gibt, einmal die uns bekannte, greifbare Realität, das »Diesseits« und zum anderen die magische Welt der Energien und der unendlichen feinstofflichen Sphären, die ich auch »Anderswelt« nenne.

Ein magisches Ritual kann beide Welten so miteinander verknüpfen, so daß sie sich gegenseitig beeinflussen. Wohlgemerkt gegenseitig! Denn auch die materielle Welt beeinflußt den feineren Energiebereich und nicht nur umgekehrt die Energie die Materie. Diese beiden Welten »verlaufen« nicht parallel. Vielmehr scheinen sie einander gegenseitig zu durchdringen.

Das war unseren Altvorderen ganz klar. Für sie war dieser magische Bereich Realität. Mit dem Zeitalter der Aufklärung blühte dann eine rein materialistische Naturwissenschaft auf, die den Menschen zum Beobachter der Natur machte, der auf einer höheren oder außenstehenden Position seinen Beobachtungsposten bezog. Ganz so, als gehöre er gar nicht richtig dazu.

Zunehmend enthüllte die Naturwissenschaft nun vieles, was den Alten noch ganz magisch war. Wo früher von Geistern und Wundern gesprochen wurde, gab es nun wissenschaftliche Erklärungen. Das bestärkte den Glauben, daß letztendlich alles wissenschaftlich begreifbar sei und daß es nur auf das richtige Knowhow ankäme, um die ganze Natur, die ganze Welt, das ganze Universum, zu durchschauen und zu beherrschen.

Dagegen mutet das »naive« Weltbild der Magie wie reinster Kinderglaube an. Hier dominiert das kindliche Vertrauen in Wesen und Kräfte, die größer sind als der Mensch, und mit denen es zu kooperieren gilt bzw. deren Gewogenheit man ausgeliefert ist.

Die Überwindung dieser kindlichen Abhängigkeit vom göttlichen Willen schuf ein neues Selbstbewußtsein in den Menschen. Im Äußeren wirkten nun verschiedenste Revolutionen. Vereinfacht ließe sich sagen, die Menschheit wurde auf diese Weise »erwachsen«. Der Bereich der Anderswelt und des Magischen schrumpfte in den Köpfen der Menschen und wurde zu einer abergläubischen Angelegenheit für alte Frauen und Kinder.

In zunehmendem Maße stellte sich dabei auch der Gedanke ein, alles bestimmen und steuern zu können, und auch die Natur wurde in Ansätzen in der Retorte »hergestellt«. Der Mensch als »Weltschöpfer« gewissermaßen. Doch die Götter lassen sich das Heft hier nicht so leicht aus der Hand nehmen.

Ich habe im vorigen Kapitel erwähnt, daß unser Unbewußtes im Prinzip alles, was ist, wahrnehmen kann. Aber unser Bewußtsein ist nicht in der Lage, soviel Information zu verarbeiten ... Wahrnehmungsfilter schützen uns vor Überflutung.

Im Grunde steckt die Göttlichkeit in jeder und jedem von uns. Aber unser menschlicher Körper, unsere Existenz, funktioniert wie ein Ventil, das aus einem gigantischen Energiereservoir nur einen bestimmten Teil herausläßt und manifestiert. Auf dieser Ebene sind wir schöpferisch. Aber jeder Mensch kann nur einen gewissen Teil der Schöpfung erfüllen. Weder könnte ein einzelner ein gesamtes Universum bewerkstelligen, noch könnte dies eine Gruppe, und sei sie noch so groß.

Als Konsequenz dieses Gedankens ist Bescheidenheit angebracht. Wir alle erfüllen unseren speziellen Teil der Schöpfung in unserem Leben. Mit unserem Tod schließt sich dieses einzigartige Ventil göttlichen Energieausdrucks und woanders öffnen sich neue. Dein Körper, quasi die »Schrauben und Rohre« des Ventils, wird vom Universum als Wertstoff recycelt. Die Energie geht nicht verloren, aber ihre einmalige Zusammensetzung ändert sich.

Wenn wir nun schon in diesen Energiestrukturen denken, dann ist es einleuchtend, daß jeder Mensch, jedes Tier, jede Pflanze, ja alles, was ist und was geschieht, ein für sich genommen sinnvoller Ausdruck aus dem kosmischen Energiereservoir ist. Allerdings gibt es Qualitätsunterschiede. Es existieren Zigtausende von Tier- und Pflanzenarten, von Mineralien und Steinen usw. Und es leben Milliarden hochkomplizierte, völlig unterschiedliche Menschen. Kein Ei gleicht dem anderen! Vor diesem Hintergrund ist es gleichgültig, wer du bist und wie du lebst. Irgendwie erfüllst du deinen individuellen Sinn im Ganzen.

All diese vielen verschiedenen »Energieventile« bilden zusammen ein riesiges Energiefeld mit einer einzigartigen Struktur, die sich ständig verändert. Anhand dieses atemberaubenden Einblicks ins Universum werden menschliche Wertbegriffe und Zuordnungen irrelevant. Der Urgrund aus Energie »denkt« nicht wie wir. Dazu braucht diese namenlose Kraft die Ventile, die die grenzenlose Energie scheibchenweise, stückchenweise, tröpfchenweise manifestieren.

Was ich damit sagen will, ist, daß die uns unbekannte Urenergie auch weiterhin namenlos und unerkannt bleiben wird, egal wie weit wir wissenschaftlich fortschreiten, denn auch die Wissenschaft ist letztlich ein Ausdruck von ihr. Es existieren also nach wie vor beide Welten, die greifbare, manifeste, materielle Realität sowie die Anderswelt der Energien. Nur im Denken und Fühlen der Menschen ist die Energiewelt als autonome Sphäre verblaßt, weil viele der früher magisch anmutenden Energieformen »entzaubert« wurden.

Heute wundert sich niemand mehr darüber, daß mit einem einzigen Knopfdruck ein Saal, ja eine ganze Stadt erleuchtet werden kann. Wir wissen: »Das ist die Elektrizität.« Aber frage einmal jemanden, der es genauer wissen müßte, was Elektrizität eigentlich ist. Er wird dir lange Vorträge über Felder, Wellen und Teilchenströme halten, aber wenn er ehrlich ist, muß er am Ende zugeben, daß das alles nur Metaphern sind – griffige Bilder, die letztlich nur verschiedene Facetten ein und derselben tieferliegenden Wirklichkeit beschreiben, die sich unserer unmittelbaren Anschauung entzieht.

Tatsache ist also, daß – obwohl wir doch schon alles wissen und können – immer noch irgendeine unbekannte Kraft alles entscheidet und steuert, was im Kosmos geschieht, und daß wir nach wie vor mit ihr kooperieren und uns darum bemühen sollten, ihren Willen zu ergründen und gegebenenfalls zu beeinflussen. Dem dient die Magie und sie schafft den Zugang nach »drüben«.

Nicht alles, was du in der Anderswelt wahrnimmst, muß auch für die diesseitige Welt gelten. Hier beginnt der schwierige Bereich der subjektiven Wahrnehmung. Nicht alles, was wir auf der Energieebene wahrnehmen, ist auch gleich eine Botschaft der universalen Wahrheit aus der Anderswelt. Es handelt sich oft um Projektionen aus dem eigenen Inneren.

Mir sind Leute suspekt, die ständig Engel oder sonstige »höhere Wesen« singen hören und die von sich glauben, die Wahrheit gepachtet zu haben. Meist hört sich das, was aus ihren »Channels« tönt, auch nicht viel anders an als das, was wir aus Religionsbüchern kennen. Freilich wird jemand, der ausschließlich in »höchsten Kreisen« verkehrt, zu etwas Besonderem gegenüber jenen, die das nicht tun. Besonderheit aber verleiht Macht! Und wer könnte jemandem beweisen, daß er *nicht* mit Engeln spricht? Also Vorsicht, hier ist die Grenze zum Größenwahn und zur Scharlatanerie sehr dünn. Laß dir nicht jeden Geist aufbinden! Menschen, die mediale Fähigkeiten und ernsthafte Verbindungen zur anderen Welt haben, werden dies nicht an die große Glocke hängen, mit der sie dann ihre Jüngerschar zum Dienst herbeiläuten und zu beeindrucken versuchen.

Bei allem magischen Denken darf nicht vergessen werden, daß es sich um eine Verknüpfung beider Welten handelt. Wer aus Lebensangst, Minderwertigkeitskomplexen, Machtstreben oder was auch immer für Gründen versucht, sich in die Anderswelt zu verkrümeln, der schlägt alle Türen zu, sowohl die nach »drüben« als auch die in der diesseitigen Welt. Leider hält der Esoterikbereich genügend Möglichkeiten für Leute bereit, die auf diese Art aussteigen wollen. Hat sich früher jemand in Depressionen geflüchtet, um einer bestimmten Lebenssituation auszuweichen, so sind es heute böse Geister oder »negative Wellen« von anderen Menschen, die ihm zusetzen. So ist es ein Leichtes, jedesmal, wenn es irgendwo zwickt, die Anderswelt und ihre Phänomene verantwortlich zu machen, obwohl es eigentlich an der Zeit wäre, sich selbst zu betrachten.

Das ist die Gratwanderung, die mit der Verknüpfung der beiden Welten verbunden ist. Es ist zwar wichtig, daß du deinen eigenen Wahrnehmungen vertraust und nicht nur blind auf das Diktat deines Verstandes hörst, aber du darfst nun nicht genauso blind in die andere Richtung rennen. Du sollst ja nicht zum Kleinkind regredieren, sondern eine Kooperation herstellen zwischen dem Kind in dir, mit seiner Phantasie, seinem magischen Denken und dem Glauben an sich selbst, und deiner erwachsenen Seite, die Repräsentant der sichtbaren Welt und ihrer geschaffenen Strukturen ist.

Hier kommt es auf das richtige Maß an. In diesem Punkt sind Kinder viel sicherer als Erwachsene. Sie entwickeln nicht diesen Fanatismus und diese Perfektion, zu denen Erwachsene fähig sind. Kinder stehen mit den Füßen auf dem Erdboden und haben trotzdem alle ihre Antennen auf Empfang bereit. Ein Kind wird durch ein Spitzendeckchen auf dem Kopf zur Prinzessin, wenn es das will. Gleichzeitig weiß es, daß das Stoffstück in Wirklichkeit nur eine Tischdecke ist. Das ist die wahre Kunst der Magie!

Macht und Mächte

Für viele Menschen ist das Wort Macht ausschließlich mit herrschen verbunden. Herrschen über andere, beherrschen, jemandes Herr werden. Herren befehlen, erlassen Gesetze, stecken Grenzen ab, gebieten, verbieten, entscheiden über andere. Die Macht benötigt ein Gegenüber oder besser ein »Darunter«, über das sie herrschen kann. Und diese Macht wird auch ständig darum bemüht sein, eine gute Figur abzugeben, denn sie kann sich keine Schlappe leisten, ohne daß dadurch ihre Autorität geschmälert würde. Eine solche Macht hat Angst vor dem Gegenüber, Angst vor dessen eigener Macht. Daraus entbrennt ein Machtkampf, der geradezu Energie frißt, anstatt sie wirkungsvoll und konstruktiv zu lenken.

Es gibt aber noch eine andere Form von Macht, die ich »Eigenmacht« nennen will. Wenn du eigenmächtig bist, dann weißt du, was gut für dich ist und handelst danach. Du steuerst dein Leben nach Entscheidungen, die du tief in deinem Inneren getroffen hast. Du hast die Macht, dein Leben selbst zu bestimmen. Du bist frei und schielst nicht ständig nach den anderen. Du mußt auch nicht die anderen verändern oder manipulieren, um an deine Ziele zu gelangen, sondern du veränderst dich und dein Leben und gehst dabei deinen Weg. Diese Macht ist stets im Fluß, sie wandelt sich den Erfordernissen entsprechend. Sie ist einmal oben, ein andermal unten. Diese Macht lebt, stirbt und erneuert sich, ohne daß du sie festhalten könntest, aber du mußt sie auch nicht krampfhaft aufrechterhalten.

Von ihrem Wesen her ist diese Macht weiblich. Sie ist das Sein, das sich den Rhythmen des Universums anpaßt. Sie beinhaltet das Verständnis des richtigen Zeitpunkts und beruht auf der Kooperation mit Mächten, die größer sind als du selbst. Der Eigenmacht geht es nicht um Bezwingung und Unterdrückung fremder Kräfte, sondern um deren Integration ins Ganze.

Wenn du dich mit Magie beschäftigst, begegnest du unweigerlich deiner eigenen Macht und deinen Machtwünschen, sowie fremden Mächten. Magie ist ein Weg, dich zu entwickeln, und sie funktioniert gemäß deinem jeweiligen Entwicklungsstand. Die Kraft als solche ist wertfrei. Du bestimmst die Anwendung und du gelangst dabei oft genug an eine Wegkreuzung, an der du dich entscheiden mußt, ob du die Kraft zur Unterdrückung und zum Schaden anderer anwendest oder ob du eigenmächtig handeln willst.

Es ist ein Unterschied, ob du mit deinen PSI-Fähigkeiten ungebeten in die Systeme anderer Menschen eingreifst oder ob du sie lediglich dazu benutzt, bei dir etwas zu verändern. Ersteres gehört für mich in den Bereich der Schwarzen Magie. Es handelt sich dabei um fehlgeleitete Macht, die zum Schaden oder zur Beeinflussung anderer eingesetzt wird. Überlege dir jedesmal gut, ob du einen mächtigen Übergriff auf jemand anderen, sei es aus Heilungsabsicht oder »wohlverdienter« Rache, verantworten kannst. Jede Energie, ob Elektrizität oder Atomkraft, Magnetismus oder PSI, kannst du sowohl zum Guten wie auch zum Schlechten verwenden. Aber es liegt in deiner Verantwortung, dessen solltest du dir bewußt sein.

Ich hoffe, du setzt deine Macht ausschließlich verantwortungsvoll ein, sowohl für andere als auch für dich selbst. Oberster Grundsatz: Niemals schaden, kann nicht schaden! Das gilt auch für dich.

Und wenn es dich noch so reizt, bastle dieses Wachspüppchen nicht, in das du hineinzustechen gedenkst, auf daß den anderen der berühmte »Hexenschuß« treffe. Die Sache funktioniert wirklich. Entweder bei der anderen Person oder aber es kommt soweit, daß du selbst eines Morgens deinen linken Fuß aus dem Bett streckst und feststellen mußt, daß du vor Schmerz keinen Schritt mehr vorankommst. Unterlasse es in dem Fall auch, den herbeigerufenen Arzt über die wahre Ursache deines Leidens aufklären zu wollen. Er wird dir ohnehin die zwei Spritzen ins Kreuz jagen, justament an den Stellen, an denen du das Püppchen attackiert hattest, und damit bist du erlöst von Schmerz und hoffentlich auch Schuld und um eine Lehre reicher.

So etwas kannst du dir jedoch ersparen, wenn du dich jedesmal, bevor du eine magische Handlung durchführst, mit deinem speziellen Machtwunsch auseinandersetzt, der dich in einer bestimmten Sache antreibt. Rache beruht stets auf einer Verletzung, die du nicht zugeben willst. Damit du wieder »Oberwasser« bekommst, ergießt du nun deine gesamte Macht über den anderen Menschen. Auf der magischen Ebene kann das für dich selbst verhängnisvoll werden (siehe auch »Die Sache mit der Doppelbindung«).

Soviel zu deiner Seite der Macht. Es gibt aber noch andere Mächte, die lange vor dir da waren und die von Menschen früherer Zeiten beschworen und gestärkt wurden. Nichts geht verloren im Universum, und so sind auch diese Mächte noch da. Alles, was existiert, ist Ausdruck einer göttlichen Idee, und alles erfüllt einen bestimmten Zweck. So steckt in jedem Gegenstand, ob Kristall oder Holz, Schneckenhaus oder Feder, was auch immer, eine Macht, die dir hilft, das zu erreichen, was du möchtest.

Schamanen nennen die Mächte oder Wesenheiten, die in ihren heiligen Gegenständen wohnen, »Hilfsgeister«. Sie symbolisieren/besitzen eine besondere Kraft, mit deren Hilfe die Schamanen ihre Zauber wirken, in andere Bewußtseinszustände eintreten, hellsehen, sich schützen u.v.m. Wir kennen etwas Ähnliches als Talisman oder Amulett.

Jeder Gegenstand, der dir »zufällt« und wichtig erscheint, kann für dich zum Hort eines solchen Hilfsgeistes werden. Wahrscheinlich besitzt du bereits eine Menge davon. Was ist mit der Feder, die du kürzlich im Wald gefunden hast? Oder wie wäre es mit dem seltsam geformten Stein, den du aus dem Urlaub mitgebracht hast? Ob Muschelschalen vom Meeresstrand, getrocknete Blumen und Kräuter, Knochen, Zweige, Pflanzensamen, was du auch findest, das deine Aufmerksamkeit erregt, sie alle sind geradezu prädestiniert für deine magische Sammlung. Vielleicht entdeckst du auch in einem Trödelladen einen besonderen Gegenstand, einen Ring, eine Figur ... Oder jemand schenkt dir einen kleinen Kristall. Du allein bestimmst, was von Bedeutung ist.

Suche dir als erstes ein geeignetes Haus für deine Hilfsgeister. Das kann ein Beutelchen aus Seide oder Leder sein, eine schöne Schachtel, ein Kästchen o. ä. Das kannst du dann mit einer kleinen Meditation seiner Bestimmung zuführen.

Das Behältnis für deine besonderen Gegenstände einweihen:

Setze dich mit deinem leeren »Geisterhaus« bequem hin. Ziehe als erstes deinen Schutzkreis. Wie das geht und warum es notwendig ist, steht im Kapitel »Fremde Energien«. Atme einige Male tief in den Bauchraum. Achte dabei darauf, daß deine Wirbelsäule gerade und entspannt ist. Folge deinem Atem so lange, bis du ruhig geworden bist. Schließe die Augen und konzentriere dich auf das Bild deines Behältnisses.

Sodann stelle dir vor, wie sich das Gefäß mit den besonderen Gegenständen füllt. Wenn es eine Schachtel ist, dann hebe sie in Gedanken hoch und fühle, wie schwer sie ist. Schüttle sie und horche auf das Geräusch der Dinge darin. Wie klingt es? Ist es ein Beutel oder eine Tasche, dann nimm sie in Gedanken in die Hand und betaste sie. Sie fühlt sich rund und prall an. Visualisiere das Ganze so plastisch wie nur möglich. Diese Gedanken sollen zwischen dir und dem Behältnis eine Verbindung schaffen und die für dich richtigen Gegenstände mag(net)isch herbeiziehen. Der Wunsch gebiert seine Erfüllung!

Visualisiere zuletzt noch, wie das Gefäß in goldenem Licht erstrahlt und wie dieses Licht alles, was dort hineingelegt wird, reinigt und von störenden Einflüssen befreit, so daß die gewünschte Kraft zum Vorschein kommt. Mit dieser Visualisierung gibst du dir die Sicherheit, keine negativen Energien herbeizuziehen. Schließe die Meditation damit ab.

Nun mußt du warten können! Auch wenn du jetzt noch keinen einzigen Hilfsgeist besitzt, solltest du nicht einfach losziehen und alles einsammeln, was dir in die Quere kommt. Warte auf die Dinge, bis sie dir zufallen. Sie sind Geschenke, die das Leben speziell dir gibt. Das wirst du sofort spüren, wenn sie dir begegnen.

Du mußt nicht danach suchen, die Dinge suchen dich! Mit der Zeit bekommst du dann eine ganze Sammlung von magischen Gegenständen, die deine inneren Kräfte spiegeln. Jeder Gegenstand symbolisiert eine ganz besondere Energie von dir selbst und er hilft dir, diese Seite zum Ausdruck zu bringen. Es kann sein, daß du nach längerer Zeit den einen oder anderen Gegenstand nicht mehr brauchst, weil du die Seite, die er in dir anregte, nun klar erfaßt hast. Gib diesen Gegenstand der Natur zurück, sofern es sich um ein Fundstück handelt. Wenn es etwas Gekauftes ist, dann bereite ihm einen Ehrenplatz im Regal oder in der Schmuckschatulle, aber nimm ihn aus der speziellen Sammlung heraus.

Dazu fällt mir eine Geschichte ein, aus einem Urlaub am Meer. Ich sitze sehr gern am Meer und sehe den Wellen zu und dem kleinen Getier, das sich im Sand und auf den Steinen tummelt. In diesem Urlaub saß ich stundenlang auf einem Felsen am Hafeneingang von Tazacorte. In der Abendsonne kamen Dutzende von gut getarnten schwarzen Krebsen aus den Felsritzen hervor, manche maßen nur wenige Zentimeter, andere Exemplare waren so groß wie der Handteller eines Bauarbeiters. Jedesmal, wenn ich mich bewegte, wieselte die ganze Combo wieder zurück in ihr Versteck zwischen den Steinen. Es wäre unmöglich gewesen, einen der Krebse zu fangen, zumal sie sich farblich kaum vom Boden abhoben.

Im Tod gehen sie jedoch eine wunderbare Transformation ein. Ihr schwarzer Panzer färbt sich leuchtendrot und sie sind weithin sichtbar auf den Felsen. Besonders glückliche Sucher finden mitunter völlig unversehrte Panzer der wunderschönen Schalentiere.

Leider waren mir nur die angeschlagenen Schalen

beschieden. Sosehr ich mir auch die Augen nach den roten Flecken auf den Steinen ausschaute – immer, wenn ich ankam, mußte ich feststellen, daß der Krebs Löcher in seinem Panzer hatte. Mittelmäßig unzufrieden nahm ich die noch einigermaßen manierlichen Exemplare mit, in der Hoffnung, beim nächsten Mal einen heilen Krebs zu finden. Dann würde ich die kaputten fortwerfen und nur den guten mitnehmen.

Zu diesem Zeitpunkt machte ich mir noch keine Gedanken über den synchronistischen Wink, den mir mein Unbewußtes offenbar geben wollte. Und weil ich nicht reagierte, schob meine innere Führung, oder wer auch immer, noch einen Hinweis nach. Diesmal in einer Sprache, die ich verstand. Rein zufällig fand ich am nächsten Abend auf dem Heimweg vier Spielkarten. Dazu muß ich sagen, daß die spanischen Spielkarten die Tarotsymbole der vier Farbensätze verwenden: Stäbe, Kelche, Schwerter und Münzen.

Da hatte mir also der Wind vier Tarotkarten zugespielt! Diesen Wink konnte ich sofort aufgreifen. Warum finde ich jetzt genau diese Tarotkarten? Bei der Interpretation der Karten bemerkte ich eine seltsame Entsprechung zu meinen angeschlagenen Krebsschalen. Ich nahm die Spur auf: Krebsschale = Schutzpanzer. Harte Schale, weicher Kern. Kaputte Schale = Verletzung. War ich verletzt? Wollte ich das nicht wahrhaben? Die Kruste ist die Grenze zur Umwelt. Handelt es sich um eine Grenzübertretung? Hat meine persönliche Grenze Löcher, wie die Panzer der Krebse, die ich gefunden habe?

Nachdem ich so auf bislang verborgene innere Wahrheiten gestoßen war, habe ich meine gefundenen Krebsschalen erst so richtig schätzen gelernt. Ich war nicht mehr beleidigt, daß ich kein unversehrtes Exemplar bekommen hatte. In meinem Zustand hätte ich keine heilen Krebse gefunden. So wurden diese feuerroten Gehäuse meine Lehrer und in ihrer Zerbrechlichkeit steckte ein Sinn, der nur für mich und nur in dieser Zeit sichtbar wurde.

Nachdem ich mein persönliches »Loch« in meiner Haut lokalisiert hatte, nahm ich den wunderschönen Brustschild eines Krebses und wirkte einen Zauber, der dieses Loch flicken sollte. Ich meditierte lange über dem Schild, so lange, bis die Form sich ausdehnte und ich visualisierte, wie sich dieses Material um meinen Körper legte. Mir wuchs selbst ein Panzer. Ich wurde zu einem Krebstier, um meine Grenzen wiederzufinden. Deutlich spürte ich, wie mich der Panzer schützte. Diese Energie legte ich in den Schild des Krebses und deponierte ihn auf der Spielkarte, die mich darauf aufmerksam gemacht hatte. Krebsschild und Karte sind noch heute für mich starke Symbole für meinen Schutzpanzer. Ich brauche sie nur anzusehen und schon spüre ich meinen schützenden Panzer, meinen Schutzschild.

So funktionieren die Hilfsgeister. Jedesmal, wenn du die »magischen« Objekte hervorholst, spürst du die besondere Stimmung, in der sie dich gefunden haben. Das regt deine spirituellen Kräfte an, und je nachdem, um was es sich handelt, kannst du den Gegenstand um

Hilfe, Trost, Ruhe, Bewußtsein, Klarheit, Schutz etc. bitten. Er könnte auch bei deinem Wunschzettelzauber (siehe »Wunschzettel in die Unendlichkeit«) anwesend sein und das Gelingen unterstützen. Oder du legst ihn unter dein Kopfkissen und wünscht dir gute Träume. Oder du trägst ihn zum Schutz bei dir. Oder … Du mußt so eigenmächtig sein und selbst entscheiden. Magie ist ein äußerst subjektiver Bereich.

Diese Praxis erinnert an die frühe Kindheit, in der ein Teddybär oder sonst ein geliebtes Spielzeug eine ähnliche Funktion erfüllte. »In diesem Alter werden persönliche Gegenstände für ein Kind besonders wichtig. Es umspinnt sie mit ätherischen Energiefäden, und je wichtiger der Gegenstand, um so stärker sind die Energiefäden. So wird der Gegenstand ein Teil des Selbst des Kindes.«[1]

Als Erwachsene verlernen wir es, mit Dingen zu kommunizieren, und es gilt als sentimental, an bestimmten Gegenständen zu »hängen« (mit Energiefäden!). Durch diese Beziehungslosigkeit würgen wir das innere Kind ab. Aber es kommt wieder hervor, wenn du anfängst, mit den Dingen zu sprechen, und wenn du nach deinen besonderen Gegenständen Ausschau hältst.

[1] Barbara Ann Brennan, »Lichtarbeit«, S. 128

Pflege der magischen Objekte

Es dient deiner spirituellen Entwicklung, wenn du deine wichtigen Gegenstände angemessen wertschätzt und pflegst. So werden sie zu einem symbolischen Teil deines Selbst. Es gibt keine bindenden Vorschriften dafür, außer du erfindest selbst welche.

Die Medizinfrauen und Schamanen in aller Welt behandeln ihre Hilfsgeister unterschiedlich. In Afrika bekommen sie gelegentlich etwas Rauch, in Südamerika Tabaksaft, in Sibirien Wodka usw. Ich erinnere mich noch gut an das Foto eines zigaretterauchenden Dämonenfigürchens, das einen Bergwerkstollen in Ekuador bewacht. Jeder Besucher muß ihm eine Zigarette und Kokablätter schenken, damit er im Stollen beschützt wird.

All das hat nur den einen Sinn: Wer etwas bekommt, muß auch etwas geben. Du erhältst Kraft und Unterstützung durch die Steine, Kristalle, Knochen, Figuren usw. sowohl symbolisch, weil sie Teile deines eigenen Selbst sind, wie auch durch die innewohnende Kraft. Manche Menschen vertreten die Ansicht, daß es sich bei all diesen Dingen nur um Projektionen handelt, d. h. der Gegenstand erhält seine Kraft nur von dir, weil du sie in ihn hineinprojizierst. Dies entspricht dem aufgeklärten Gedanken, daß alle Dinge »leer und unbeseelt« seien. Nur der Mensch (in manchen Kulturen sogar nur der Mann), der auf höherer Stufe in der Natur steht, habe eine Seele. Wohin uns und unsere

Umwelt dieses Denken gebracht hat, ist unschwer zu erkennen. Es fordert geradezu zum Raubbau an der Natur auf.

Ich jedenfalls glaube nicht, daß wir die einzigen kreativen und beseelten Lebewesen im Kosmos sind! Deshalb sind die magischen Gegenstände für mich Geschenke der Erde, des Himmels, der Tiere und Pflanzen. Irgendein Wesen leiht dir seine Kraft. Damit lebt es auch über seinen eigenen Tod hinaus und wird für das Leben anderer wichtig. Als Dank bekommen die Gegenstände von dir Wertschätzung in besonderer Form.

Ich packe meine Kokosnuß gelegentlich aus und begrüße alle Dinge. Dazu breite ich sie vor mir aus, zünde eine Duftlampe oder ein Räucherstäbchen an und freue mich ganz einfach an der Erinnerung, die mit dem Auffinden der einzelnen Teile verbunden ist. Manchmal trommle ich auch ein wenig und gehe dabei in Trance. In diesem Zustand erscheinen mir die Gegenstände ganz verändert, und einzelne beginnen vielleicht auch zu »leuchten« oder »erzählen« mir etwas. Einen Sprühregen Schnaps darüberzuspucken wäre keine schlechte Idee. Die Sache mit dem Tabaksaft ist nicht so mein Fall. Du kannst sie aber auch mit Quellwasser besprengen, ins Mondlicht stellen oder an die Sonne legen, sie besingen und betanzen. Ganz wie du willst. Den Zeitpunkt bestimmst du selbst. Entweder, wenn du das Gefühl dazu hast oder zu Beginn einer jeden Jahreszeit oder am ersten Vollmond eines Jahres oder … Die übrige Zeit liegen die Hilfsgeister in ihrem besonderen Behältnis und du nimmst nur jene heraus, die du gerade brauchst.

Magie ist, wenn es trotzdem klappt

Zweifellos ist nicht jeder kleine Gedanke schon Auslöser für ein mittleres Erdbeben. Nicht auszudenken, wenn alles, was uns eben mal so durch den Kopf geht, Wahrheit würde. Das heißt nicht, daß Gedanken keine Kräfte sind, im Gegenteil, aber es braucht schon ein wenig mehr »Feuer«, damit große Wünsche in Erfüllung gehen. Ein heißes Sehnen, ein starker Wunsch, ein ständiges Schüren der Gefühle usw., dann funktioniert es (meistens).

Sicher kennst du aber Momente, in denen du dich am weitesten von deinem heiß ersehnten Ziel entfernt gefühlt hast. Alle deine Chancen, deinen Wunsch erfüllt zu bekommen, schienen geschwunden. Du hattest alle Hoffnungen bereits aufgegeben und ein tiefes Gefühl des Loslassens, der Trauer und des Versagens umfing dich.

Und plötzlich, siehe da, passierte es … Dein Wunsch ging in Erfüllung, genauso wie du es dir vorgestellt hattest. Nur, weil du nicht mehr damit gerechnet hast, konntest du dich kaum noch richtig freuen. Vielleicht hattest du dir schon Alternativlösungen gesucht und warst von deinem Vorhaben bereits ganz abgekommen und nun hast du plötzlich mehrere Möglichkeiten (z. B. Jobs) vor dir und weißt nicht mehr weiter.

Was ist schiefgelaufen? Zunächst einmal gar nichts. Dein magisches, heißes Wünschen hat funktioniert und das gewünschte Ergebnis gebracht. Daß du dich nicht mehr freuen kannst oder die Sache aufgegeben hattest, liegt an dir. Genauer, an deiner Unfähigkeit, von selbst loszulassen. Du hast deinen Wunsch nicht rechtzeitig in die Unendlichkeit entlassen.

Sowie du einen Brief in den Briefkasten steckst und damit weißt, daß du nun nichts mehr zu seinem Vorwärtskommen dazutun kannst, so mußt du auch deinen Wunsch in die Unendlichkeit schicken, damit er dort selbsttätig wirken kann. Du mußt dein ständiges Drandenken durchbrechen und eine ruhige Zuversicht bewahren. Daraus ergibt sich die Schlußfolgerung, daß wir höchst wichtige, existentielle Dinge schwerer auf diesem Wege erlangen, vor allem, wenn es bereits »brennt«. Dann nämlich sind wir emotional so mit der Sache verbunden, daß wir sie nicht loslassen können. Auf diese Weise vereitelt sich jede Art Magie von selbst.

Vielleicht ist das der Grund, warum sehr materialistische und selbstsüchtige Menschen wenig Erfolg mit der Magie haben. Sie erreichen nichts, weil ihnen das Ergebnis zu wichtig ist. Erst wenn sie die Illusion der Macht aufgegeben haben und sich dem Universum,

Göttin oder Gott oder der kosmischen Kraft überlassen, dann beginnt die Energie zu fließen.

Also noch einmal: Wenn du nicht mit dem Wünschen aufhörst, dann läßt du die Kraft nicht los. So kann sie nicht wirken. Wenn du einen Brief nicht in den Briefkasten wirfst, sondern mit dir herumträgst, dann kommt er ja auch nie an. Irgendwann zwingt dich der ständige Mißerfolg dann, Abstand von deinem Wunsch zu nehmen. Damit läßt du die Kraft los, die du vorher aufgebaut hast, und sie macht sich getreu auf den Weg, ihr Werk zu verrichten. Nur kann es dann schon zu spät sein. Damit das nicht passiert, ein kleiner Zaubertrick ...

Wunschzettel in die Unendlichkeit

Früher deponierte ich meine Wunschzettel an das Christkind alljährlich auf dem Balkon meiner Eltern und über Nacht waren sie dann stets verschwunden. Das Christkind hatte sie geholt. Manchmal habe ich mich allerdings gefragt, ob das Christkind sie überhaupt genau durchgelesen hat. Es fehlte nämlich immer etliches von den rund 20 bis 30 Wünschen, die so ein Zettel durchschnittlich enthielt. Klar, das Christkind war für mich eine universelle Macht! Daß es Etatschwierigkeiten haben könnte, war mir nicht bekannt. Aber gut. Das, was ich letztlich bekam, hat schließlich auch gereicht. Und irgendwann war das Geheimnis des Christkinds entlarvt. Da wurde mir dann so manches klar. Heutzutage hat sich die kleine Karin, die in mir steckt, in ihren Wünschen gemäßigt, und wir schicken gelegentlich einen Wunschzettel in die Unendlichkeit, aber nur mit einem einzigen wohlformulierten Wunsch darauf. Auch legen wir ihn nicht irgendwohin, sondern verbrennen ihn, nach gehörigem, mindestens aber dreimaligem »Besprechen«. Und dann vergessen wir das Ganze.

Für den Wunschzettel in die Unendlichkeit brauchst du also einen kleinen Zettel mit deinem Wunsch darauf. Du solltest dein Ziel möglichst klar formulieren. Nehmen wir einmal an, dein sehnlichster Wunsch wäre eine Urlaubsreise in die Türkei. Dir fehlen aber noch 1000 DM dazu.

Dann schreibst du auf deinen Zettel kurz und bündig: »Ich wünsche mir 1000 DM.« Das ist zwar eine klare Sache, aber sehr gefährlich. Wenn du dir nun durch einen Unfall den Fuß brichst und von der Versicherung 1000 DM dafür erhältst, dann wirst du deinen Urlaub im Krankenhaus und nicht in der Türkei verbringen. Aber du kannst immerhin einen geglückten Wunschzettelzauber verbuchen. Deine PSI-Kräfte funktionieren. Daran ist nicht zu rütteln.

Zweiter Anlauf: Damit obiges nicht wieder passiert (du hast ja nur zwei Füße), schreibst du auf deinen Zettel:

»Ich will von meiner Omi 1000 DM geschenkt bekommen und damit ein Ticket bei Meier-Busreisen buchen.«

Auch nicht gut. Du kannst der Unendlichkeit nicht vorschreiben, wie du an deine Reise kommen sollst. Das könnte sogar zu einer Schadensmagie aus Gedankenlosigkeit führen! Nun könnte deine Omi dir das Geld vererben, aber du mußt dafür auch die Beerdigung und alles, was dazugehört, in deinem Urlaub organisieren und hinterher reicht es nur noch für ein Wochenende am Gardasee. Oder sie schenkt dir das Geld, du buchst bei Meier dein Ticket und in letzter Minute geht der Laden in Konkurs. Alle Reisen werden abgesagt, das Geld ist futsch und du verbringst deine Ferien bei Omi im Garten.

Kein Zweifel, deine Zauberkraft scheint grandios, aber mit dem Zielwasser hapert es noch ein wenig. Vor allem mußt du der Unendlichkeit mehr Spielraum lassen. Man könnte es Gottvertrauen nennen, in jedem Fall hat es etwas mit Loslassen zu tun. Wir sind es sosehr gewöhnt, alles bis ins kleinste Detail zu regeln und uns gegen alles zu versichern, daß wir auch bei der Magie nicht davon lassen können. Wenn du versuchst, den Weg festzulegen, den die Kraft zu nehmen hat, dann geht prompt alles schief.

Aber wie machst du es nun richtig? Am besten, du schreibst auf deinen Zettel: »Ich wünsche mir in meinem Sommerurlaub eine Reise in die Türkei.« Das ist es doch, was du eigentlich willst! Dann setzt du dich mit gerader Wirbelsäule hin und ziehst einen Schutzkreis. Wie das geht, steht im Kapitel »Fremde Energien«. Sodann visualisierst du, wie du im August in Antalya oder sonstwo am Strand liegst. Stelle dir das so lebendig wie möglich vor. Schönes Wetter, Sonne, warm ist es, Knoblauchduft, Döner (Gerüche beeinflussen unser Unterbewußtsein ganz gewaltig und stimulieren die Wunschkraft). Wichtig ist auch eine genaue zeitliche Begrenzung. In unserem Fall also die Daten deines Urlaubs. (Jahreszahl nicht vergessen! Sonst mußt du fortan womöglich jeden August in die Türkei.)

Während du das alles visualisierst, hältst du den Zettel fest und läßt die Energie deiner Gefühle, die mit den Bildern aufsteigt, in den Zettel fließen. Schwierig? Versuche es einfach. Wohin du deine Gedanken auch lenkst, die Energie folgt ihnen durch deinen ganzen Körper. Achte darauf, daß deine Energie tief aus dem Bauchraum kommt! Freue dich so richtig auf die Erfüllung deines Wunsches und laß alle Kraft in das Papier strömen. Wenn du spürst, daß es genug ist, d. h. wenn die Vorstellung von dem, was du willst, ganz klar vor deinem inneren Auge steht, wenn du an alles gedacht hast, alles Unangenehme ausgeschlossen hast usw., dann wiederhole den geschriebenen Wunsch mehrmals, am besten dreimal in Gedanken, dreimal flüsternd und dreimal laut und mit Nachdruck. Dann haben dich sicher alle feineren und gröberen Geister gehört.

Eine brennende Kerze hast du dir schon ganz zu Anfang vorbereitet. Wenn du willst, dann nimm die Kerze in einer Farbe, die für dich Urlaub bedeutet, z. B. die Farbe deines Badeanzugs.

Sodann verbrenne deinen Wunschzettel und fühle, wie sich deine Energie aus dem Zettel in der Flamme auflöst und aufsteigt. »Es ist vollbracht und niemand soll es schaden.« Dieser Zusatz ist ganz wichtig, um deinen Zauber zu binden und um unangenehme Überraschungen zu vermeiden. Danke dem Feuer, daß es dir geholfen hat. Lösche die Kerze aus und erde dich, das heißt visualisiere, wie deine überschüssige Energie durch deine Fußsohlen in ruhigem Fluß in die Erde zieht. Fühle, daß du wieder voll »auf dem Boden« stehst und vergiß das Ganze. Die »leere« Asche kannst du in deine Blumentöpfe streuen.

Und nun heißt es abwarten und Çay trinken. Es könnte passieren, daß dir ein netter Onkel einen Scheck schickt, weil er der Meinung ist, er müsse dir einmal etwas Gutes tun. Vielleicht gewinnst du aber auch beim Prämiensparen. Oder eine Freundin ruft plötzlich ganz verzweifelt an, weil ihre Reisebegleitung abgesprungen ist und sie die Buchung in die Türkei nun nicht mehr rückgängig machen kann. Wer weiß? Ab jetzt steht außer dem Ziel nichts mehr fest. Ob du mit dem Flugzeug, mit einem klapprigen VW oder im Olivenlaster hinkommst ... laß dich überraschen! Alles ist möglich!

Trance

Sicher hast du das Wort schon einmal gehört und warst schon, wenn auch unbewußt, öfter in Trance. Ein Beispiel dafür ist das Tanzen. Vielleicht hast du schon einmal so viel und so lange getanzt, daß du das Gefühl hattest, du könntest ewig weitertanzen. Es war völlig ohne Anstrengung, die Bewegungen führte dein Körper wie von selbst aus und die Musik schien dich durch den Raum zu tragen ... ein schönes, leichtes Gefühl, fast wie Verliebtheit! Das war ein Trancezustand.

Trance bedeutet nicht notwendigerweise das völlige Wegtreten des Bewußtseins aus dem Hier und Jetzt. Sie kann zwar in andere Welten führen, muß aber nicht. Wir geraten durch viele verschiedene Ursachen in Trance. Es kann sein, daß jemand in Trance fällt, wenn er nachts lange Strecken mit dem Auto fährt. Müdigkeit, Monotonie der Geräusche und konzentrierte Anspannung – das ist die richtige Mischung, die uns schnell in Trance führen kann. Der Volksmund spricht dann von: »Am Steuer eingeschlafen!«, wenn etwas passiert. Ich glaube aber, daß die wenigsten das Lenkrad mit dem Kopfkissen verwechseln und richtiggehend einschlafen. Vielmehr rutschen sie unbemerkt ins »Zwischenreich«, wie ich es nenne. Das ist »knapp hinter dem Wachbewußtsein« ein sehr empfänglicher Trancezustand, in dem durchaus ein faszinierendes, buntes Flimmerkino laufen kann. Beim Autofahren ist dieses »Fernsehen« allerdings sehr gefährlich! Vor allem für Leute, die den Ausschaltknopf nicht finden, weil sie schon den Einschalter nicht kennen.

In diesem Trancezustand, der von den WissenschaftlerInnen auch hypnagogischer Zustand genannt wird, treffen wir unbewußt wichtige Entscheidungen, die unser weiteres Leben beeinflussen. Dies ist auch der Zugang zum Unbewußten und zur Traumwelt. Der sprudelnde Bilderquell speist sich direkt aus dem unbewußten Bereich deines Inneren. Die Inhalte kommen, in Symbole und Bilder verschlüsselt, zutage. Mitunter siehst du hier auch Dinge, die du eigentlich nicht wissen kannst, archetypische Wahrheiten aus den kollektiven Schichten des Unbewußten, aus der Quelle der Träume von uns allen.

Außerdem kannst du dich nur in Trance oder einem tranceartigen Zustand auf der Energieebene frei bewegen. Im Wachzustand sind unsere »Anschlüsse ans universale Energienetz« normalerweise mit einer Schutzmembran versiegelt, dem Wahrnehmungsfilter, der verhindert, daß wir ständig von fremden oder eigenen unbewußten Energien überflutet werden.

Wie aber gelangst du nun in eine gelenkte Trance, deren Tiefe du selbst bestimmst und aus der du jederzeit wieder erwachen kannst? Das ist gar nicht so schwierig.

Tranceübung

Lege dich auf den Rücken und entspanne dich. Achte darauf, daß deine Wirbelsäule gerade ist. Nimm nur ein flaches Kissen für den Nacken oder besser gar keines. Visualisiere deinen Schutzkreis (siehe unter »Fremde Energien«). Atme dabei bewußt ein und aus und folge dem Atem bis in deinen Bauch hinunter. Nach einigen Atemzügen lenkst du deine Gedanken in die Zehenspitzen. Dort beginnst du nun mit der tieferen Entspannung. Du spürst ganz deutlich, wie sich deine Zehen lockern und wie ein angenehmer Energiestrom in sie einzufließen beginnt. Jede Spannung weicht. Du kannst dir den Energiestrom in jeder beliebigen Farbe und Konsistenz (Licht, Flüssigkeit, Nebel) vorstellen. Je nach Farbton kann er sich warm oder kühl anfühlen.

Mit der Zeit spürst du, wie die Energie weiter in deine Füße strömt. Alle dunklen Knoten der Verspannung lösen sich bei der Berührung mit der Energie auf. Nun sind auch die Füße vollkommen entspannt. Nach und nach fließt Energie weiter und lockert und entspannt alle Teile deines Körpers, die mit ihr in Berührung kommen. Langsam und sanft fließt sie die Beine hoch und füllt dabei den »Innenraum« ganz aus. Die Waden und Oberschenkel werden ganz schwer und sinken tief in dein Bett ein. Die wunderbare Energie durchstrahlt dich und deine Beine leuchten in dieser herrlichen Farbe, die du dir ausgewählt hast.

Nun tritt sie in deinen Bauch ein und steigt langsam weiter zum Brustkorb und bis in die Schultern. Laß dir Zeit dabei und visualisiere alle Teile deines Körpers so deutlich wie möglich. Laß die Energie dann die Arme hinabfließen, bis in die Fingerspitzen. Zuletzt wandert die Energie, das farbige Licht, die Flüssigkeit oder was auch immer du dir gern vorstellen magst, durch den Hals und langsam in den Kopf. Nun bist du ganz davon erfüllt. Und du bist tief entspannt. Dieser Zustand ist für sich allein schon heilsam, vor allem, wenn du dir die für dich momentan passende Farbe vorstellst.

Es kann sein, daß dein Körper sich mit der Zeit nochmals »ausrichtet«. Du spürst es als Zug oder Spannung entlang der Wirbelsäule. Laß es geschehen. Das ist völlig in Ordnung so. Deine Wirbelsäule bringt sich von selbst in die richtige Stellung. Spätestens jetzt spürst du, ob dein Bett zu weich ist. Dann kannst du nämlich die entsprechende Spannung nicht ohne Anstrengung aufrechterhalten. Lege zwei Decken oder eine Isomatte auf den Boden und übe dort.

Wenn du optimal liegst, wird die Gegend um das Kreuzbein (zwischen dem letzten Lendenwirbel und dem Steißbein, also auf der Rückseite deines Beckens) heiß werden. Auch das ist gut so. Es zeigt an, daß der Energiefluß eingesetzt hat.

Das Innere deines Körpers ist durch die Farbe, die du dir ausgesucht hast, geschützt und du bist jetzt völlig entspannt. Lenke nun deine Aufmerksamkeit

»hinter« deine geschlossenen Augen. Du wirst ein Meer von farbigen Nebeln sehen, die schnell ihre Form und Farbe ändern. Laß diese Farbwolken kommen und gehen, wie sie wollen. Greife nicht bewußt ein.

Es kann sehr lange dauern und du mußt diesen Zustand vielleicht öfter üben, aber irgendwann werden die Farbwolken zu weißem Nebel oder weißem Licht, während du deine Aufmerksamkeit langsam im Kopf höher ziehst, direkt unter das Schädeldach. Das ist ein gutes Zeichen, dann hast du es geschafft. Tritt durch die Nebelschleier hindurch und du gelangst in einen wundersamen Garten, in dem du spazierengehst. Fühle den Sand, das Gras, den Kies, die Tannennadeln, das Moos oder was auch immer, unter deinen Füßen und achte auf alles, was du nun siehst oder hörst. Laß dich ein auf deine inneren Bilder! Dabei bleibst du die ganze Zeit über wach und reaktionsfähig.

Du könntest auch, bevor du in den Garten gehst, eine Frage stellen, auf die du die Antwort suchst. Bitte das Universum, die Götter oder dein Höheres Selbst darum, daß dir die Antwort irgendwie und irgendwo in deinem Garten zuteil wird. Merke dir alles, was nach der Fragestellung passiert.

Prägungen, Affirmationen oder positive Leitsätze, die du nach der Entspannungsphase, bevor du dich auf die farbigen Nebel konzentrierst, in dein Unbewußtes aufnimmst, sind in diesem Zustand besonders wirkungsvoll. Als ich die Übung zum erstenmal *machte, prägte ich mir ein, daß ich niemals ohne meinen bewußten Entschluß in Trance oder Hypnose fallen will. Das hat sich bewährt und mich auch später davor bewahrt, plötzlich »auszusteigen«, was unter Umständen, z.B. beim Autofahren, gefährlich sein kann. Also: »Ich falle nur in Trance, wenn ich mich ganz bewußt dazu entschließe. Und kein fremder Einfluß dringt in meinen Schutzkreis.« Wenn du spürst, es ist Zeit, zu gehen, verabschiede dich von deinem Garten und von allen Wesen darin. Atme wie zu Anfang tief ein und aus und sage dir: »Nach dem dritten Atemzug bin ich wach und erfrischt und stehe wieder auf.«*

Es versteht sich, daß du für diese Übung einen ruhigen, abgeschiedenen Raum benötigst. Zieh den Stecker des Telefons aus der Dose und schalte die Türklingel ab. In dem entspannten Zustand bist du sehr geräuschempfindlich. Lärm wird dann geradezu körperlich spürbar. Mit der Zeit entwickelst du dann eine gewissen Technik im Hinübergleiten in den Entspannungszustand, so daß du die Anfangsphase abkürzen kannst. Vielleicht gibst du dir ein bestimmtes Stichwort, einen Satz wie z. B. »Tiefe Entspannung umfängt mich jetzt«. Wenn ein Mensch zu Abhängigkeit und Sucht tendiert, ist es selbstverständlich möglich, nach Trancezuständen süchtig zu werden. Trance kann ebenso wie andere Suchtmittel zur Flucht aus dem Alltag und als emotionaler Ersatz angewendet werden. In diesem Zusammenhang solltest du stets deine Motivation prüfen, bevor du in Trance gehst. Geht es dir um das Erforschen deines Unbewußten und um die Schärfung deiner PSI-Kräfte oder willst du nur ein bißchen träumen und schweben? Gehe niemals in Trance, wenn du müde oder traurig bist. Deine Trancereisen sollen dein Bewußtsein erweitern und beleben, aber nicht einschläfern.

Ich habe von Anfang an meine Reisen in diese inneren Welten stets allein durchgeführt und ihre Abgründe selbst ausgelotet. Dabei bin ich nicht nur wunderbaren Geschichten, Märchen von großer Schönheit und hilfreichen Wesen, sondern auch meiner Angst begegnet, habe Kämpfe ausgefochten, wurde besiegt, in meine Einzelteile zerstückelt und wieder geheilt. Dieser einsame Weg (auf dem ich stets spirituelle Führung hatte) dauerte viele Jahre und war für mich genau das Richtige.

Vielen Menschen macht ihr Innenleben jedoch derartige Angst, daß sie vor der Begegnung damit zurückschrecken. Wir lernen es als Kinder nicht, mit unserem Unbewußten, mit unseren inneren Kräften, unbefangen umzugehen. Diese Furcht rührt daher, daß es sich um einen Bereich handelt, der sich der bewußten Kontrolle weitgehend entzieht. Sollte es dir ähnlich ergehen, verspürst du Unbehagen bei dem Gedanken, dich deinen inneren Bildern hinzugeben, dann führe diese Übung nicht allein aus. Deine Intuition weiß genau, was gut ist für dich. Höre auf diese innere Stimme und überfordere dich nicht.

Bitte einen vertrauten Menschen darum, dich zu begleiten. Diese Person könnte den Text zur Entspannung und die Einführung in den Garten langsam vorlesen. Du kannst ihr dann schildern, was du siehst. Das hat den Vorteil, daß du nichts vergißt, und wenn unangenehme Gefühle auftauchen, bist du nicht allein, sondern hast hinterher jemanden zum Reden.

Ein anderer Tranceweg eröffnet sich über das Gehör. Monotone Geräusche oder Rhythmen führen leicht in Trance. Diese Form ist bei mir weniger »bebildert«, sondern überwiegend von Empfindungen begleitet. Ich benutze dazu eine große Handtrommel und einen Filzschlegel (nein, keinen Knochen, wie die sibirischen Schamanen).
Je nach Jahreszeit und Wetterlage klingt die Trommel anders, weil sich ihre Spannung mit der Witterung verändert. Ich schlage sie auch nicht laut, denn meist hocke ich dazu auf dem Boden, die Trommel an meinem linken Ohr. Wichtig ist, daß der Rhythmus gleichbleibend gehalten wird. Du mußt ein wenig herumprobieren, wenn du die Trommeltrance durchführen willst. Das klappt sicher nicht gleich beim ersten Mal, aber laß dich davon nicht entmutigen! Und dann sitze ich da und schlage und lasse den Ton durch mich hindurchfließen, mich darauf wegtragen … Mit der

Zeit bin es nicht mehr ich, die trommelt, sondern »es« trommelt wie von selbst. Der Ausstieg aus der Trommeltrance erfolgt mit Beendigung des Trommelns (weshalb du zwischendrin nicht unterbrechen solltest). Damit das Ganze am Schluß nicht abrupt abreißt, schlage ich ganz langsam und leiser werdend weiter und wecke mich dann durch drei Schlußtöne auf.

Und manchmal, wenn die Trommel will, beginnt sie in den höchsten Tönen melodisch zu singen. Über dem dunklen Grundrhythmus schwebt dann eine auf- und abschwellende wunderbare Melodie. Diesen Klang entdeckte ich erst, als ich die Trommel bereits längere Zeit besaß. Musikspezialisten klärten mich auf, daß es sich dabei um Obertöne handelt. Freilich gibt es für alles eine wissenschaftliche Erklärung, die die Poesie zerstört. Mein inneres Kind will aber daran glauben, daß ihm der Geist, der in der Trommel wohnt, ein Lied vorsingt. In der Tat geht für mich von diesen Liedern eine große Heilkraft aus.

Das geht auch aus dem Traum hervor, den ich eines Nachts hatte. Zu diesem Zeitpunkt kannte ich die Gesänge der Trommel noch nicht. Im Traum bin ich mit Freundinnen und Freunden in einem düsteren, dämmrigen Raum. Plötzlich nehme ich die große Handtrommel und schlage einen ganzen Takt. Die anderen setzen mit ihren Trommeln ein. Trance entsteht, immer tiefer und tiefer.

Ich erblicke in völliger Dunkelheit einen weit entfernten Fackelzug, der sich langsam nähert. Sie haben ganz weißes Licht bei sich und ich bin fasziniert, wie gebannt. Gleichzeitig nehme ich mich wahr, wie ich unter der Decke im Bett liege. Ich spüre jede Faser meines Körpers ganz genau. Plötzlich beginne ich, im Bett nach rechts zu robben, auf die große Trommel zu, die auch in Wirklichkeit dort steht. Sie zieht mich magisch an. Und mit einemmal existieren alle Ebenen gleichzeitig und ganz bewußt nebeneinander: Ich trommle in dem dämmrigen Zimmer zusammen mit den anderen, ich sehe den Fackelzug, ich bin der Fackelzug, ich bin die Trommel, ich bin die anderen, die auch trommeln und ich bin jene, die im Bett liegt und das alles erfährt.

Dann erwachte ich, genauso im Bett liegend, wie ich mich wahrgenommen hatte. Ich verspürte ein eigenartiges Gefühl der Verbundenheit mit dieser Trommel. Nach diesem Traum war mir klar, daß sie einst sehr wichtig für mich sein würde.

Heute gibt es Zeiten, da benutze ich die Trommel häufig, und andere, da ist mir die Entspannung und Visualisierung lieber. Es handelt sich um zwei grundverschiedene Wege in die Trance. Über die Trommeltöne erhalte ich Halt und Führung. Die Trommeltrance bindet das Gehör und schält dabei Empfindungen heraus. Sie zeigt mir meine Gefühle. Bei der Entspannungsmethode ist mein Bett der Halt und die Bilder fließen frei und selbständig, während ich zusehe.

Wenn du auch mit der Trommel arbeiten willst, dann frage in den Musikgeschäften nach Handtrommeln oder Tamburins. Vielleicht findest du auch in einem afrikanischen oder im Dritte-Welt-Laden das passende Instrument. Kaufe nicht die erstbeste Trommel, denn es handelt sich ja schließlich um eine größere Investition. Vielleicht bekommst du auch ein Erbstück. Oft lohnt es sich, ein wenig zu warten. Visualisiere die Trommel, die du dir wünscht. Schaffe sie dir im Geiste, auf daß sie in der Realität folgt. Hast du deine Trommel entdeckt, probiere sie aus und spüre, wo der Ton in deinem Körper »mitschwingt«. Spürst du ihn mehr im Bauch oder im Brustbereich oder sogar in der Kehle? Meine Trommel schwingt tief im Bauch und ich kann mich damit auch erden und beruhigen. Das ist wichtig für die Trance. Aber du mußt selbst entscheiden, was für dich gut ist; ob du etwas hellere oder sehr dunkle Töne bevorzugst. Laß dir Zeit beim Hineinhören und sichere dir gegebenenfalls ein Umtauschrecht, falls du zu Hause feststellst, daß sie dir doch nicht gefällt.

Wenn du eine Trommel hast ...

dann setze dich bequem hin, wie immer mit aufrechter Wirbelsäule. Vergiß nicht deinen Schutzkreis! Nimm deine Trommel zur Hand und überlege dir, ob du mit der Hand oder einem Stock trommeln willst. Und dann fange einfach an, einen Takt zu schlagen. Das ist ganz einfach. Probiere aus, wie du dich fühlst, wenn du langsamer oder schneller schlägst, und suche dir ein Tempo, das du möglichst lange halten kannst.
Mit einiger Übung wirst du keine Probleme mehr mit

der Ausdauer haben und quasi unbegrenzt trom-
meln können. Wenn dein Rhythmus gut läuft, kon-
zentriere dich auf den Klang der Trommel. (Ach-
tung, das ist eine Konzentrationsübung! Du darfst
nicht schläfrig dabei werden. Passiert es dir den-
noch, dann hör auf. Mach diese Übung nicht, wenn
du müde bist.) Schließe die Augen. Es gibt nichts
anderes als diesen Klang. Du bist der Klang. Laß
dich davontragen.
Schließe die Übung ab, indem du langsamer wirst
und mit drei kurzen Schlägen das Trommeln been-
dest.

Die Bilder, die du in der Trance siehst, fühlst oder alles
zusammen, stammen aus deinem Unbewußten. Das
Schwierige daran ist jedoch nicht, den Bilderquell
anzuzapfen, sondern »ein reines Wasser des Unbewußten« zu erhalten. So wie der materialistische Verstand des Menschen mit all seinen Errungenschaften
seit Jahrhunderten dafür sorgt, daß alles Ursprüngli-
che, Natürliche gezähmt, gezählt, gemessen und gewo-
gen wird, so vereinnahmt er auch die ursprünglichen
Bilder und Empfindungen in uns selbst, unser Wissen
und Spüren. Es bedarf eines fortwährenden Prozesses
der Übung und persönlichen Disziplin, um die Bilder
aus dem Inneren sinnvoll zu deuten.
Hier verläuft die Trennlinie zwischen Einbildung, Einflüsterung und echter Inspiration. Die Einbildung beruht auf Bildern unseres Egos. Die Einflüsterung
stammt aus dem Vokabular anderer (Menschen oder

auch astraler Energien). Die Inspiration hat etwas mit Geist (lat: *spiritus*) zu tun. Im ersten Fall führt dich dein Wille und dein Verstand (der sich auch irren kann). Im zweiten Fall handelt es sich um Manipulation von außen, und nur im letzteren Fall bist du an dein Höheres Wissen, an die geistige Ebene angeschlossen. Schamanen aller Kulturen sprechen davon, daß sie ein »reiner« Kanal werden müssen, durch den der Geist des Kosmos sprechen möge. Eine langwierige, entbehrungsreiche Ausbildung führt sie dorthin, bei der sie ihre Persönlichkeit vollständig transformieren.

Ein Merkmal des Höheren Wissens, egal, ob es aus dir selbst oder aus dem Mund anderer Menschen kommt, ist, daß es sich niemals destruktiv, abwertend, trennend oder manipulierend äußert. Wahres Bewußtsein führt, auch wenn die Wahrheit schmerzlich oder aufrüttelnd ist, immer zu Erweiterung und Selbsterkenntnis. Laß vor allem auch ein gerüttelt Maß an Humor walten, wenn du aus deiner Bilderquelle schöpfst. Vergiß das Hinterfragen nicht! Je besser du dich selbst kennenlernst, desto besser spürst du auch, was hinter deinen inneren Bildern steckt.

Und Maria hat doch geholfen

Ein wichtiger Punkt bei aller Magie ist deine Überzeugung, daß die Sache klappt. Schleichen sich Zweifel ein, dann ist die Kraft nicht mehr konzentriert und die Wirkung wird geschwächt. Deshalb ist es wichtig, daß du deinen ewig plappernden Verstand, dein zweifelndes Denken und deine Ängste soweit wie möglich im Zaum hältst. Dazu ist jedes Mittel recht. Wenn es dir hilft, in einer Wallfahrtskirche vor dem Marienbild Kerzen anzuzünden, weil du das vielleicht als Kind auch schon gemacht hast, dann tu es. Pfeif auf die exotische Esoterik und auf das »neue Heidentum«. Dein inneres Kind ist in einer anderen Tradition groß geworden, und warum solltest du diese Bilder und Symbole, die einst wirksam waren, nicht ins Jetzt herüberretten? Dazu mußt du weder einer Religionsgemeinschaft beitreten noch etwas anderes davon übernehmen und gutheißen. Ich meine damit lediglich, daß du die Freiheit hast, zu wählen, was dir behagt.

Auch der christliche Glaube und alle anderen Religionen sind ja nicht völlige Neuerfindungen gewesen, als sie populär wurden. Viele Marienkirchen wurden auf Heiligtümern und Kultstätten der Großen Göttin errichtet, weil die christliche Kirche einsehen mußte, daß das Volk auch Jahrhunderte nach der Christianisierung noch immer zu seinen heiligen Plätzen ging und den alten Göttern und Göttinnen opferte. »Die

Väter der christlichen Kirche setzten der Verehrung Marias erheblichen Widerstand entgegen, denn sie waren sich darüber im klaren, daß Maria aus einer Mischung verschiedener althergebrachter Göttinnen bestand; zu diesen gehörte Mariamne, die semitische Gottesmutter und Himmelskönigin, Aphrodite-Mari, die syrische Version von Ishtar, Juno, die gesegnete Jungfrau, Isis als Stella Maris, Stern des Meeres, Maya, die orientalische Jungfrau-Mutter des Erlösers, die Moiren oder dreifachen Schicksalsgöttinnen und viele andere Versionen der Großen Göttin.«[2]

Es gibt mittlerweile genügend Hinweise darauf, daß Maria das ist, was die Christen von der alten Göttin noch widerstrebend zulassen wollten. Für das einfache Volk, für Menschen, die noch mit der Natur und ihren Kreisläufen verbunden waren, war eine Muttergöttin ein wichtiger Bestandteil des Lebens. Deshalb braucht eine Religion, die *alle* Menschen erreichen möchte, wenigstens eine Mutterfigur, um das Mysterium des neuen Lebens zu veranschaulichen. So ist die christliche Maria ein verzerrtes Bild der alten Göttinnen aus vorchristlicher Zeit.

Es schadet dem magischen Pfad keineswegs, wenn sich manche von uns daran erinnern, was sie als Kinder mit »Marias Hilfe« vollbrachten. Dazu will ich eine Geschichte von mir erzählen. Ich war als Kind ein zartes Pflänzchen, empfindsam, sensibel bis sensitiv. Das war mir natürlich schon sehr früh klar. Als ich in

---

[2] Barbara G. Walker, Das geheime Wissen der Frauen, S. 664

die Schule kam, war meine größte Sorge: »Hoffentlich bekomme ich eine nette Lehrerin.« Bei einer bösen alten Furie wäre ich verloren gewesen. Ich hatte Glück, die ersten zwei Jahre bekam ich eine nette alte Tante, sanft und freundlich und kinderlieb. Richtig schön war's. Wir hatten damals noch nicht soviel Unterricht wie die heutigen ABC-Schützen. Dafür gab es noch Kreativprogramme, wie Plastilinkneten: Hänsel und Gretel samt Wald auf einem Stück grünen Linoleums. Aber dann kam die unvermeidliche 3. Klasse. In diesem Fall standen zwei Lehrerinnen zur Disposition, eine der beiden, Frau B., entsprach genau meinem Bild der alten Furie und sie war auch als »Watschenausteilerin« (von wegen gute alte Zeit, das war damals erlaubt!) bekannt. Und so beschloß ich: »Die will ich nicht.« In der Schule lernten wir, daß man bei besonderer Not Maria, die »Muttergottes« anrufen solle. Sie würde dann helfen. Wer es nicht glaubt: ganz Altötting ist voll mit den Beweisen ihrer Macht! Seit Jahrhunderten spenden Gläubige, denen geholfen wurde, Votivtafeln mit dieser Geschichte drauf. Ein Schulausflug hatte mich vollends überzeugt. Maria sollte auch mir helfen.

Es gab bei uns zu Hause im Schrank meiner Mutter, unter Pullis und Westen vergraben, eine tönerne Marienstatue – zwecks »Maialtar«. Ich dachte mir: Warum eigentlich nur im Mai? Kurz vor den Sommerferien nahm ich eine Zigarrenschachtel, legte ein Taschentuch darüber, Figur drauf – Schnapsgläschen mit Gänseblümchen zur Dekoration davorgestellt – fertig war der Altar. Jeden Abend bat ich nun darum, daß ich nicht die Frau B. als Lehrerin bekäme. Zusehends wurde ich mir sicherer, daß Maria mich unterstützen würde. Sechs Wochen waren eine lange Zeit, da würde ich mir bei Maria einen ganz schönen Stein im Brett zusammenbeten.

Als der erste Schultag kam, mußten wir uns alle klassenweise im Schulhof aufstellen. Trotz meiner Beterei war mir mulmig zumute. Eine Klasse nach der anderen wurde von den Lehrerinnen und Lehrern geholt und in die Schulzimmer geführt. Wir waren die letzten, die nun noch auf dem Schulhof standen. Und wer kam, um uns hereinzuwinken? Frau B.! O Schreck, alles war umsonst! Ich sackte in mich zusammen und trottete wie ein Schaf zur Schlachtbank. »So ein Mist«, raunte ich meiner Freundin Bärbel zu. Unterwegs im Treppenhaus trafen wir auf Frau K., die andere Lehrerin, mit einem kleinen Häufchen Drittkläßlerinnen. Es gab in diesem Jahrgang so viele davon, daß die Klassenzimmer kaum ausreichten, und so nahm sie zu ihrer 4. Klasse noch einige der 3. Klasse mit hinein. Aber das bekam ich zunächst so bewußt gar nicht mit. Ich war noch viel zu sehr mit der unverhofften Situation beschäftigt.

Im Klassenzimmer hieß es dann: »Hinsetzen, so viele wie reinpassen!« Weil ich mit meinem langen Gesicht natürlich besonders wenig Lust hatte, bekam ich keinen Platz mehr. Ebenso meine Freundin Bärbel, die den gleichen Flunsch zog. Und so blieben wir halt vorn stehen, bei dem Häufchen Schülerinnen von Frau K.

»So und der Rest kommt nun mit mir!« sprach sie. Aber der Rest – das waren ja auch Bärbel und ich! Und so kam es, daß ich in einer gemischten 3. und 4. Klasse landete, bei einer netten Lehrerin und zusammen mit meiner Freundin Bärbel. Ich war froh: Maria hatte doch geholfen!

Seltsamerweise hat so etwas mit dem »lieben Gott« oder dem »Jesuskindlein« nicht funktioniert. Gerade »mit Fleiß« schien sich das zu erfüllen, was ich abwenden wollte, wenn ich einen davon anrief. Somit ließ ich weiteren Handel mit diesen beiden Herren tunlichst bleiben.

Heute weiß ich, daß es sich bei dieser Geschichte um einen klaren Fall von PSI handelt. Alle erforderlichen Bedingungen waren vorhanden: meine Überzeugung, daß es klappt, geschürt, indem ich mich auf eine Kraft außerhalb von mir verließ, das Loslassen, das ich zunächst vergessen hatte, zu dem ich aber gezwungen wurde, und die flexible Haltung, mit der ich die Chance in der Situation dann angenommen hatte. Dieses Prinzip gilt für alle Zauber: Kraft schüren – loslassen – offen sein für das Ergebnis.

Die ParapsychologInnen führen hierzu Tests durch und versuchen, auf wissenschaftliche Art und Weise herauszufinden, was dabei passiert. Bis jetzt wissen sie jedoch nur, was den MagierInnen schon immer klar war, nämlich, daß »es klappt«. Auch die moderne Physik nähert sich diesen metaphysischen Bereichen an. Hexen und Magier, Priesterinnen, Alchimisten und Zauberinnen aller Zeiten jedoch wandten und wenden die magischen Prinzipien an, ohne sie zu hinterfragen. Ihnen war und ist klar, daß Magie funktioniert. Sie benutzen ihre Bilder und Symbole, ihre heiligen Zeichen, Namen, Kraftgegenstände, Talismane, Amulette usw. mit großem Erfolg, denn auf diese Dinge reagiert das innere Kind.

Wie wolltest du einem Kind erklären, daß das Universum aus reiner Energie besteht, daß es keine Götter gibt und daß es das, was es sieht, eigentlich gar nicht sehen dürfte, weil es nicht existiert? Ohne Bilder verarmen wir. Spiritualität braucht Bilder. Und um etwas zu rufen, brauchst du einen Namen. Wir sind nicht so ohne weiteres in der Lage, unsere Existenz zu transzendieren.

Aber ich denke, daß all die Götter und Bilder aus fremden Kulturkreisen, die gerade bei uns Hochkonjunktur haben, uns zwar anregen können, daß sie aber lebloser Formelkram bleiben, wenn wir nicht ganz spezielle persönliche Erlebnisse damit verbinden können. Beispielsweise hat der Name einer indianischen Gottheit seine spirituelle Wurzel in indianischem Denken und indianischer Tradition. Wir können uns nicht anmaßen, zu spüren, was die wahre Bedeutung dieses Namens ist; wir sollten uns nicht einmal darum bemühen.

Im Zeitalter der Medien ist es so einfach, an 1000 Informationen über eine Sache heranzukommen. Das führt in unserem Fall zu einem zweiten spirituellen Kolonialismus. Die ersten Kolonisatoren stülpten den Ureinwohnern der eroberten Gebiete das Christentum über, so wie es ihnen einst selbst als das einzig Richtige aufoktroyiert wurde. Mit ihrer Religion verloren diese Menschen auch ihre kulturelle Identität.

Heute krankt *unsere* Religion, und weil es uns meist zu mühsam ist, die eigenen verschütteten Wurzeln wieder freizulegen, schnappen wir uns einfach den nächstbesten Kult, den Menschen anderer Kontinente noch für sich bewahren konnten, und adaptieren ihn in bewährter Workshopmanier so lange, bis er uns langweilt, weil wir ihn doch nicht richtig verstehen können. Das befreit uns aber nicht aus dem Dilemma, denn dadurch verkümmern unsere eigenen Wurzeln nur noch mehr.

Ich glaube zutiefst, daß für die Zukunft eine spirituelle Autonomie nötig sein wird. Jede und jeder von uns muß in einem Überangebot von Möglichkeiten den eigenen Weg finden. Die Zeiten der »Allgemeingültigkeit« sind vorbei. Es gibt keine alleinseligmachende Wahrheit! Das Zeitalter, das nun anbricht, fordert einen erwachsenen Menschen, der verantwortlich entscheidet, auch auf religiösem Gebiet. Vor Jahrhunderten wäre es beispielsweise mit einem tödlichen Risiko verbunden gewesen, ein Buch wie dieses zu schreiben. Ebenso das Lesen dieser Inhalte. Es war Ketzerei, die von der Kirche vorgeschriebenen Dogmen allein schon zu hinterfragen. Und das deshalb, weil Vater Staat und Mutter Kirche, die gestrengen »Eltern« des Volkes, der Meinung waren, daß ihre lieben Kinder zu gehorchen und zu arbeiten hätten und sonst nichts. Dafür brauchten sie aber keine Verantwortung zu tragen!

Magie erfordert Eigenständigkeit und Verantwortung, und weil sie funktioniert, erzwingt sie diese Eigenschaften auch. Eigenständige und verantwortliche Menschen, die mit ihrer »Eigenmacht« vertraut sind, werden aber möglicherweise unbequem für jene, die die Macht für sich gepachtet haben.

Nun erfolgt auf dem Höhepunkt des materialistischen Denkens ein großes Umschwenken in der westlichen Welt. Es erweist sich, daß unsere Religion für den enormen spirituellen Bedarf der Menschen keine adäquate Nahrung zu bieten hat. Ich deute das Aufblühen der Esoterik nicht einfach als große spirituelle Suche, sondern auch als eine Art Gegenwehr gegen lebens- und menschenfeindliche Religionen. Die Suche nach Sanftmut und Liebe, wie sie beispielsweise in den fernöstlichen Religionen vertreten wird, hat einen guten Grund. Worin auch immer der Ursprung dieses Bildes liegen mag, ich frage mich, wie kann ein zu Tode gefolterter Mensch, der von seinem eigenen Vater »geopfert« wurde, ein Sinnbild für Liebe und Hoffnung sein?

Dieses Bild von Folter und Tod hängt in unseren guten Stuben und öffentlichen Gebäuden, in Krankenhäusern, Gerichten und Schulzimmern. So werden wir alle konditioniert! Krankhaft verknüpfen wir Gewalt mit Liebe und Opfer mit Notwendigkeit. Leuchtet es dir ein? Der »liebe Gott« opfert seinen Sohn am Kreuz aus Liebe. Ein Staat opfert seine Söhne im Krieg, ein Chef opfert seine Mitarbeiter und überhaupt sollen wir alle uns fortwährend für irgend etwas aufopfern. Das wird uns als höchster moralischer Wert verkauft. Wohin wir mit dieser Rechnung gekommen sind, zeigt sich heute gnadenlos. Es ist alles erobert, die ganze Welt ist bekannt und das bis jetzt erreichbare Weltall wird von Satelliten kontrolliert, doch unsere Erde ist das Opfer der Verseuchung, die wir angerichtet haben. Aber den Verantwortlichen macht das gar nichts, denn schließlich »müssen wir doch alle Opfer bringen«.

Es spricht nichts dagegen, daß wir uns aus dem, was wir an Mythen und Geschichten haben, das herausnehmen, was uns besser gefällt. Wir besitzen positive, lebenbejahende Bilder genug. Wir müssen sie nur anwenden. Spiritualität und Religion unterliegen heute keinem Diktat mehr. Sie sind individuelle Entscheidungen geworden, und es ist wichtig, daß wir uns wohl fühlen damit. Die Große Göttin als Spenderin und Beschützerin des Lebens ist niemals verlorengegangen. Sie wurde zwar umbenannt und umgedeutet, aber ihre wahre Identität ist erhalten geblieben. Auch wenn wir die Bräuche vergessen haben, lebt sie doch noch bei den Quellen und Kraftorten. Sie wirkt Wunder und hilft den Menschen, die in Not sind.

Erschaffe dir deine Götter

Ich weiß, der Titel dieses Abschnitts ist provokant für all jene, denen blinder Glaube alles bedeutet. Wer jedoch nur glaubt, was andere sagen, wird niemals zur eigenen Wahrheit finden.

Als Kind war meine Beziehung zum »lieben Gott« von Anfang an zwiespaltig. In der Schule erzählte man uns von dem alten Herrn mit Rauschebart und weißem Kaftan, der die Welt erschaffen hatte und stets und überall anwesend sei. Wir hörten, daß die Welt »sein Werk« sei, und ich verstand nicht, warum mein Gefühl, daß alles, was ist, auch »er« ist, falsch sein sollte. Aber nein, man betet keine Bäume und Blumen an und schon gar nicht Bäche oder Quellen. Denn sie sind nicht Gott, sie sind nur sein Werk.

Also mußte seine Anwesenheit in der Welt irgendwie außerkörperlich sein. Und weil er »alles sah«, sogar »bis ins Herz hinein«, stellte ich mir vor, daß er mich ständig beobachtete. Irgendwo in einer Ecke des Zimmers mußte ein durchsichtiges Geistwesen, eben Gott, schweben und mir bei den Hausaufgaben über die Schulter gucken. Telepathie beherrschte er angeblich auch perfekt. Also las er ständig in meinen Gedanken und registrierte jeden Ausrutscher in dem berühmten Goldenen Buch, das der Nikolaus am 6. Dezember aufschlug, um – je nach dem – Schokolade oder Rutenstreiche auszuteilen. Welch ein Leben! In was für einer Falle war ich hier gelandet?

Mit der Zeit ging ich dazu über, Unverfängliches mit dem »lieben Gott« zu plappern; in Gedanken, versteht sich. Ich wollte ihn milde stimmen und von meiner Unvollkommenheit ablenken. So sandte ich ihm also einen ständigen Gedankenstrom und nährte damit das Bild des blaßgesichtigen allmächtigen Nebels, der in meiner Zimmerecke Platz genommen hatte und mich kräftig unter Druck setzte.

Bald traute ich mich nicht mehr, gewisse Gedanken niederer menschlicher Regungen »laut zu denken«. Ich lernte, daß das, was ich nicht zu Ende dachte, auch nicht existierte. Irgendwann allerdings wurde mir dieser Zauber zu bunt und ich spürte, was er/ich mir antat. Fortan verweigerte ich die Gedankennahrung für das blaßdrohende Ding unter der Zimmerdecke, das ich Gott nannte und das ein Produkt der Vorstellungen war, die ich im Religionsunterricht eingetrichtert bekommen hatte. Ich beschloß, einfach nicht mehr an »ihn« zu denken. Und folgerichtig wurde er immer schütterer und lichter, bis er schließlich ganz verschwand.

Als ich zehn Jahre alt war, hatte es der Religionslehrer schwer mit mir. Ich muß ihm ordentlich auf die Nerven gegangen sein mit meiner (Hinter-)Fragerei. Das schließe ich zumindest aus meiner Erinnerung an den roten Kopf, den er immer dann bekam, wenn ich seinen Unterricht aufhielt, weil ich nicht glauben, sondern wissen wollte. Aber Wissen, Gewißheit, konnte er mir nicht vermitteln.

Die magische Wahrheit der Geschichte ist, daß ich mir

einen Gott schuf, in meiner Vorstellung und durch Gedankenkraft, wobei das Bild aber nicht aus mir selbst entsprang, sondern von Lehrern und Lehren geprägt war. Durch einen ständigen Gedankenstrom nährte ich diese Form, die (davon bin ich heute überzeugt) ein sensitiver Mensch auch im Zimmer hätte orten können. Und losgeworden bin ich dieses Gedankenwesen durch simple Ignoranz, allerdings gepaart mit dem nötigen Willen, mich zu befreien.

Diese Geschichte ist ein Beispiel dafür, was Gedanken vermögen. Und sie hat mich noch etwas gelehrt: Im Grunde gibt es nicht *einen* Gott, sondern jeder Mensch besitzt einen eigenen, der gemäß den eigenen Bedürfnissen im Laufe eines Lebens ständig modifiziert werden muß. Wenn ich Gottes Ebenbild bin, also auf irgendeiner Ebene identisch mit ihm, dann erschaffe ich ihn genauso, wie er mich.

Irgendwann also war der alte Mann mit Rauschebart tot und ich wieder auf der Suche. Der Zeitgeist, der bekanntlich jeden mitreißt, brachte mich in den frühen Siebzigern mit dem Zen-Buddhismus in Berührung. Dort fand ich ein Gottesbild, das so abstrakt war, wie ich es mir nur wünschen konnte. Die Befreiung des Geistes begann für mich mit der Befreiung von Gott, der als solcher »nicht ist und doch ist«. Die Regeln im Denken des Zen sind für den linearen Verstand heilsam paradox. Ich begann zu meditieren und brachte meinen unruhigen Geist zur Ruhe.

Dem Wesen des Zen bin ich noch heute verbunden, denn es hat mich tief geprägt. Aber ich stieß auch auf die Schwierigkeiten, die mit dem Versuch verbunden sind, eine östliche Religion in ein westliches Bewußtsein und vor allem in die hiesigen Lebensformen zu integrieren. Außenseitertum und zahllose Mißverständnisse sind die notwendige Folge. Weil sich dieses Gedankengut im wesensfremden Umfeld nicht ohne weiteres leben und im Alltag verankern läßt, besteht überdies die Gefahr, das Geistige zu sehr zu betonen.

Nach zwölf Jahren mußte ich die Konsequenzen ziehen. Sinnigerweise war es ein Spruch aus dem chinesischen I Ging, der mich zutiefst aufrüttelte. Er erzählte von einer Wildgans, die in die Wolkenhöhen zieht, und im Kommentar hieß es, hiermit sei das Leben abgeschlossen. Ein Blitz durchfuhr mich! Ich schwebte in luftiger Höhe und hatte das Leben wohl gelebt, aber wenig beachtet. Mein inneres Stimmchen verlangte nun eine bewußte Entscheidung von mir. Und die Richtung war klar. Diese Entscheidung modifizierte das hochabstrakte Bild des Göttlichen, und ganz zuletzt kehrte ich zurück zu den ersten Vorstellungen meiner Kindheit, zu den beseelten Steinen und Pflanzen, zur Erde, zum Tier. Ich schuf mir eigene Kraftzeichen, die ich in Trance in meinem Inneren »fing«. Auch viele meiner Bilder sind in Trance gemalt. Ich lernte mit der Zeit, diesen Zustand festzuhalten und aus ihm heraus »malen zu lassen«.

Das archaisch-magische Weltbild beinhaltet ein ökologisches und menschenbezogenes Bewußtsein, das den stark abstrahierenden Weltreligionen fehlt. »Macht euch die Erde untertan!« verhehlt nicht die Zielsetzung und die implizite Hierarchie. In den frühen Hochkulturen war die Erde die lebenspendende Mutter aller Wesen und sie war die Göttin. Heute ist sie definitiv untertan. Aber wer oder was soll dich nähren, wenn aus den Brüsten der Großen Mutter keine Milch mehr fließt?

Alle existierenden Gottesvorstellungen sind von Menschen erdacht und in menschliche Termini geprägt. In diesem Zusammenhang halte ich es für bedenklich, wenn du deine magischen Operationen mit Hilfe des alttestamentarischen Gottes durchführst. In ihm hast du eine janusköpfige Instanz zur Seite, die sowohl Liebe wie auch Haß, Geduld wie auch Zorn, Sanftmut wie auch Grausamkeit vertritt. Die Sache mit der »Ehrfurcht« habe ich schon als Kind nicht verstanden. Warum sollte ich jemanden fürchten, der es gut mit mir meint, wenn da nicht noch ein Haken wäre? Vorsicht auch vor der Anrufung von Geistern oder Dämonen aus alten Zauberbüchern. Du könntest in Teufels Küche landen.

Wir haben zwei Jahrtausende lang einen gefolterten Leichnam als Sinnbild für Liebe und Leben angebetet. Wenn es nicht so tragisch und folgenschwer für uns alle wäre, dann könnte man dies als absonderliche Verschrobenheit bezeichnen. Das magische Weltbild benutzt eine direkte und nichtabstrakte Symbolik, die im Ritual die Realität vorwegnimmt und dadurch erschafft. Was für eine Magie geht demnach von dem Bild eines Folteropfers aus? Hängen wir nun nicht alle nach 2000 Jahren magischer Beschwörung dieses Bildes mit an dem Kreuz, das unsere Vorfahren geschaffen haben? Das wahre Sinnbild des Lebens, die Große Göttin und Mutter der Natur, wurde umgedeutet in die christliche Maria. Sie fristete derweil, ihrer Lust am Leben und ihrer Körperlichkeit beraubt, ein Schattendasein auf den Seitenaltären der Kirchen, die früher ihre eigenen Kultplätze waren.

Wenn du willst, dann erschaffe die Göttin neu. Laß sie wieder erstarken. Erschaffe dir eine Göttin und erschaffe dir einen Gott als zwei ebenbürtige freie Wesen, die einander ergänzen, anstatt sich zu polarisieren und gegenseitig zu bekämpfen. Auch Sonne und Mond ergänzen einander mit ihren unterschiedlichen Qualitäten. Du besitzt die Freiheit, innovative Gedankenkräfte in diese Welt zu bringen, die mithelfen, die gegenwärtige Misere aufzulösen. Jeder deiner Gedanken ist eine eigenständige Kraft, und wenn viele Menschen das gleiche denken, bildet sich ein Kraftfeld. Weil alles energetisch vernetzt ist, kannst du durch positive Gedankenkräfte mithelfen, eine bessere Zukunft zu schaffen. Fange in deinem eigenen Leben und in deinem Umfeld damit an.

Alles hat seine Zeit

Träumen hat seine Zeit, Wachsen hat seine Zeit, Ruhen hat seine Zeit, ... und Zaubern hat seine Zeit. Für deine magischen Operationen ist es sinnvoll, den rechten Zeitpunkt zu beachten. Wenn du dich mit Astrologie beschäftigst, kannst du deinen speziellen Zeitpunkt in allen Details prüfen und die stärksten Momente der Planeten herausfinden oder entsprechende Transite über dein Geburtshoroskop nützen. Dieser Bereich ist allerdings sehr kopflastig. Mag sein, daß die Altvorderen damit ganz gut gefahren sind und zur Herstellung eines bestimmten Amuletts dann eben Jahre auf die gewünschte Konstellation am Himmel gewartet haben. Und tatsächlich gibt es auch starke Transite, die uns empfänglich für alles Magische machen. Neptun ist hierfür zuständig, vor allem in Verbindung zu Merkur. Aber es nützen dir die tollsten Berechnungen nichts, wenn du doch nicht bei der Sache bist, weil du vielleicht um 4 Uhr früh aufstehen mußtest, um den Eintritt des Mars in das Zeichen Widder bei gleichzeitiger Opposition des Mondes zur Venus zu erwischen.

Der »richtige« Zeitpunkt ist dann, wenn dein Gefühl zur Sache stimmt. Damit kannst du gar nichts falsch machen. Ich gehe davon aus, daß du zu den empfindsamen Menschen gehörst, die den Lauf des Mondes intuitiv spüren. Der Mond steuert durch seine Anziehungskraft die Flüssigkeiten auf der Erde, und sein

Einfluß, auch auf uns Menschen, ist unbestritten. Außerdem wandert er schneller als die anderen Planeten durch den Tierkreis, so daß du auf bestimmte Energien nicht so lange warten mußt. Deshalb ist es sinnvoll, deine Rituale nach dem Mondstand zu richten.

Betrachten wir den Lauf des Mondes: Nach dem Neumond beginnt die kleine Sichel anzuschwellen und wächst langsam zum *zunehmenden Halbmond* und später zum runden *Vollmond* heran. Mehr als voll kann er nicht werden. Das ist ein Naturgesetz und gilt für alles, was wächst, egal ob es sich dabei um Pflanzen, Tiere, Menschen oder um Gewinne und Umsätze handelt. Wenn der Anstieg erfüllt ist, kommt der Abstieg.

Der *abnehmende Mond* reduziert seine Gestalt wieder zum Halbmond, der dann zu *Neumond* ganz verschwindet. Damit beginnt der Kreislauf wieder von neuem. Der Lauf des Mondes zeigt uns somit den Zyklus von Geburt, Wachstum, Reife, bis hin zum Tod und weiter zur Wiedergeburt eines neuen Lebens. Es liegt auf der Hand, daß sich aus der Mondbeobachtung die Religionen entwickelt haben, weil die Menschen diesen himmlischen Vorgang auch auf der Erde nachvollzogen sahen. Die Jahreszeiten und Vegetationszyklen sind ebenso ein Bild für diesen Rhythmus des Lebens und Sterbens und der Neugeburt.

Was voll wurde, entleert sich. Was leer ist, füllt sich wieder. Das klingt schon fast wie ein Zauberspruch. Hattest du beispielsweise bei zunehmendem Mond auch zunehmende Schwierigkeiten, so ist damit zu rechnen, daß sie mit dem Vollmond ihre Kulmination erreicht haben und zumindest stagnieren oder sich sogar reduzieren. Vor allem bei Krankheitsverläufen ist diese Entwicklung zu beobachten. Das kannst du dir beim Zaubern zunutze machen. ParapsychologInnen bezeichnen magische Vorgänge ganz unromantisch als »psychische Phänomene«. In diesem Wort aber kommt der Zusammenhang zur Psyche, die wiederum stark vom Mond abhängt, zur Sprache.

Also noch einmal:

Wenn du etwas füllen willst, nimm den zunehmenden Mond. Er läßt wachsen und gedeihen, er bringt Expansion und Zuwachs. Ganz kurz vor Vollmond ist diese Kraft am stärksten. Bei abnehmendem Mond geschieht das Gegenteil, alles schrumpft, zieht sich zurück nach innen, wird unsichtbar, bis es verschwindet. Zu Neumond ist die unsichtbare Kraft am intensivsten. Er eignet sich für alle feinstofflichen und geistigen Vorgänge, für Orakel und zum Hellsehen. Die jeweiligen Halbmonde markieren den Wechsel. Weniger als halbleer geht schon fast zur Neige. Mehr als halbvoll ist bald gefüllt.

Astrologisch ist der Vollmond die Opposition von Mond und Sonne, das heißt, sie stehen sich am Tierkreis genau gegenüber. Die gegenüberliegenden Zeichen bilden polare Gegensätze, die sich gegenseitig ergänzen. Diese Gegensatzpaare sind: Widder – Waage, Stier – Skorpion, Zwillinge – Schütze, Krebs – Steinbock, Löwe – Wassermann, Jungfrau – Fische. Wenn die Sonne bei Vollmond im einen Zeichen der Polarität ist, dann befindet sich der Mond im anderen. Bei Neumond sind Sonne und Mond zusammen im gleichen Zeichen und bilden eine Konjunktion, d. h. sie stehen auf dem gleichen Punkt des Tierkreises. Somit ist zu Neumond das jeweilige Tierkreiszeichen besonders stark betont.

Die Halbmonde markieren jeweils ein Quadrat zwischen Sonne und Mond. So heißt in der Astrologie der Aspekt, der einen Abstand zweier Planeten von 90 Grad bezeichnet. Das Quadrat ist ein Spannungszustand, der auch Aktivität und Kraft beinhaltet und unter dem Schwierigkeiten zu meistern sind.

Der Mond wandert innerhalb von 27,3 Tagen einmal durch den gesamten Tierkreis. Er hat also etwa alle zweieinhalb Tage eine andere »Färbung«, je nachdem, in welchem Zeichen er steht. Diese Färbungen lassen sich auch für unsere Zwecke nutzen. Der Mond beeinflußt das Leben auf der Erde so unmittelbar wie kein anderer Himmelskörper. Wenn du etwas Bestimmtes erreichen möchtest, dann achte auf die passende Zeitqualität. Nicht jede Zeit ist für jedes Thema günstig.

Es lohnt sich, zu warten auf:

Widder	für Willenskraft, Durchsetzung, Energie, Ehrgeiz, für Begeisterung
Stier	für Sinnlichkeit, Ruhe, Realitätsbezogenheit, Schönheitssinn, Körperbewußtsein, Liebe, Geld, Erhalten und Bewahren
Zwillinge	für Intellekt, Reisen, Fernweh, Kommunikation
Krebs	für Empfindsamkeit, Sensibilität, Instinkt, Rückzug, Haus und Häuslichkeit
Löwe	für Egokraft, Anerkennung, Ausstrahlung, Ansprüche stellen, Treue, Offenheit
Jungfrau	für Konzentration, Überlegung, Gesundheit, Klarheit, Arbeit, Struktur
Waage	für Schönheit, Liebe, Partnerschaft, Harmonie, Ausgleich
Skorpion	für Selbstüberwindung, über den eigenen Schatten springen, innere Erkenntnis, tiefschürfende Gedanken, »Dahintersehen«

Schütze	für Impulsivität, Kraft, starke Gefühle, Reiselust, Begeisterungsfähigkeit, Geld, Investition, Selbstbewußtsein
Steinbock	für Seelentiefe, Ordnung, Abgrenzung, Aufstreben, für Klarheit und Bilanz
Wassermann	für Geist, Freiheit, Freundschaft, Ideale, Anteilnahme an anderen
Fische	für Träume, Intuition, Hellsicht, Medialität, Orakel, Feinfühligkeit, Spiritualität.

Wenn du also einen Wunschzettel loslassen möchtest, um mehr Selbstbewußtsein zu erlangen, dann warte, bis der Mond im Schützen ist oder auch im Widder. Brauchst du Arbeit, dann ist Jungfrau günstig. Für Urlaubsangelegenheiten ist Schütze oder Zwillinge zuständig usw. Wann der Mond in welchem Zeichen steht, erfährst du ganz exakt aus den astrologischen Ephemeriden oder aus einem Mondkalender, oder du siehst nach, welches Tierkreiszeichen gerade herrscht, denn dort steht die Sonne. Bei Neumond steht der Mond im selben, bei Vollmond im gegenüberliegenden Zeichen.

Aber der Tierkreis ist nicht die einzige Grundlage zur Betrachtung des Mondzyklus. Er teilt den Lauf des Mondes in zwölf Abschnitte, doch bei einer Zeitdauer von 27,3 Tagen rund um den Tierkreis bietet sich auch die Teilung in neun etwa dreitägige Abschnitte an. Drei ist die Zahl der alten weiblichen Gottheit und entspricht ihren drei Aspekten, dem Mädchen, der erwachsenen Frau und der weisen Alten. Neun entspricht demnach der Erhöhung und Vereinigung dieser Einzelaspekte zu einem Ganzen (3 x 3).

Neun ist die Zahl der himmlischen Ordnung und es gibt die neun Musen der Künste und Wissenschaften. Mathematisch ist sie ein Rätsel: sie mag mit einer beliebigen Zahl multipliziert werden, die Quersumme des Ergebnisses (oder die Quersumme dieser Quersumme) ist stets wieder die Neun. Diese Zahl bleibt also immer sie selbst. In diesem Sinne ist sie ein treffendes Bild für den ewigen kosmischen Kreislauf des Werdens und Vergehens. Aus diesen Tatsachen habe ich meine Betrachtung des Mondumlaufs entwickelt, die ich dir nun näher erläutern will:

Sehen wir uns den Mondzyklus unter dieser Aufteilung in 3 x 3 Abschnitte näher an. An Neumond beginnt der erste dreiteilige Abschnitt des *Wachstums*. Hier wird ein Samen gelegt, der in den nächsten drei Tagen keimt. Dann ist die schmale Sichel des Mondes zu sehen. Diese Phase entspricht der Anfangsenergie, der ersten Bewegung. Dieser erste Antrieb benötigt ein Bewußtsein der Grenzen. Das geschieht in den nächsten drei Tagen. Hier wird die Form festgelegt. Die folgenden drei Tage gehören dem Konsolidieren der Form, dem Behüten der Grenzen, auch der Abgrenzung von anderen. Damit ist der erste Schritt eines Wachtumsprozesses abgeschlossen. Es ist bereits etwas entstanden, die Mondscheibe am Nachthimmel ist gut über die Hälfte sichtbar.

Nun gilt es im zweiten Abschnitt zu *handeln*. In den nächsten drei Tagen stehen Aktion und energischer Ausdruck an. Darauf folgen drei Tage der Konfrontation. Wenn ein Wesen sich nach außen hin sichtbar ausdrückt, dann stößt es an die Grenzen anderer und trifft möglicherweise auf Widerstände. Nicht umsonst ist der Mond nun voll, sein Licht am hellsten, die äußere Kraft am größten. Die nächsten drei Tage sind dem langsamen Zurückweichen gewidmet. Es kann nicht ständig »Hochdruck« sein. Aber aus der vorangegangenen Konfrontation erwächst Identität. Hiermit endet der zweite der drei großen Abschnitte. Was auch immer zu Neumond initiiert wurde, es ist nun ausgereift. Du hast sicher bemerkt, daß wir bereits über den Vollmond hinausgekommen sind. Nicht der Höhepunkt der Kraft zeigt die Reife, sondern das Überstehen der Konfrontation. Das ist nämlich der Zeitpunkt, an dem die Kraft bewußt wird. Ein Höhepunkt kann immer erst hinterher, wenn sich die Kurve wieder leicht neigt, erkannt werden.

Nun ist von der Mondscheibe am Himmel ein gutes Stück »abgebissen« und es folgt der dritte Abschnitt der *Erfüllung*. Die nächsten drei Tage stehen für Kommunikation und Verbindung. Hier geht es um das Mitteilen von Visionen und das Schaffen von Kontakten. Diese Kontakte speisen und nähren das Geschaffene in den darauffolgenden drei Tagen. Der Mond ist nun gut über die Hälfte »aufgegessen«. Die schmale

Sichel des abnehmenden Mondes zeigt an, daß sich die Kräfte nun nach innen zurückziehen, um sich dann in einem neuen Zyklus zu regenerieren. Dementsprechend stehen die letzten drei Tage unter dem Zeichen der Ruhe und des Rückzuges nach innen oder, wenn du so willst, der »Verdauung«. Nun wird das Brauchbare vom Verbrauchten geschieden. Der Prozeß der Loslösung ermöglicht an Neumond dann wieder einen Neubeginn.

Hier noch einmal zusammenfassend die Übersicht über meine Betrachtung des Mondzyklus in neun dreitägigen Phasen:

1. Abschnitt: *Wachstum* (Beginn an Neumond)
– Anfangsenergie, erste Bewegung, Keimkraft
   (1.–3.Tag)
– Bestimmung der Form, Bewußtsein der Grenzen
   (4.–6.Tag)
– Konsolidierung der Form, behüten und schützen
   (7.–9.Tag)

2. Abschnitt: *Handeln*
– Aktion, Ausdruck, Manifestation (10.–12.Tag)
– Konfrontation und Bewährung (13.–15.Tag)
– zurückweichen, innehalten, Erkenntnis, Identität
   (16.–18.Tag)

3. Abschnitt: *Erfüllung*
– Kommunikation und Verbindung, Kontakte
   (19.–21. Tag)

- aufnehmen, nähren, verinnerlichen (22.–24 Tag)
- Rückzug, Ruhe, Loslösung (25.–27.Tag)

Ob du ein Projekt beginnst, ein Gemüsebeet pflanzt, eine Reise planst, achte bewußt auf den Mond. Dein Körper und deine Psyche tun es ohnehin. BiologInnen haben festgestellt, daß Tiere selbst dann auf den Mond reagieren, wenn sie ihn nicht sehen können. Das heißt, daß der Mond unbewußte körperliche Vorgänge beeinflußt, wie etwa neurochemische Abläufe im Gehirn oder Hormonzyklen, was natürlich auch beim Menschen der Fall sein kann. Auch sein Einfluß auf Aussaat und Pflanzenwachstum ist altbekannt und bewährt.

Wähle die für ein bestimmtes Vorhaben günstigste Zeitqualität entweder aus den Tierkreisentsprechungen oder aus der obigen Übersicht nach dem Neunerschlüssel. Im »Magischen Sammelsurium« am Ende dieses Buches findest du weitere Übersichten über symbolische Entsprechungen.

Mondmeditationen

Diese beiden Mondmeditationen veranschaulichen nochmals bildhaft die Wirkung der Mondenergie. Du kannst sie jederzeit durchführen, mußt also nicht die Mondphasen abwarten. Schließe die Augen, entspanne dich wie gewöhnlich und stelle dir folgende Geschichten so plastisch und lebendig wie möglich vor:

Neumond

Gehe in ein völlig dunkles Zimmer. Du siehst nichts, nicht einmal die Hand vor Augen, denn es ist Dunkelmond und finsterste Nacht. Dennoch kennst du deinen Weg genau.

In der Mitte des Raumes steht ein Kessel. Du findest ihn und setzt dich davor auf den Boden. Taste nach dem Kessel. Fühle seinen Rand. Ist er verziert? Glatt? Spürst du den Bügel zum Griff? Der Kessel hat drei Beine. Taste nach unten zu ihnen. Sind sie lang oder kurz? Ist der Kessel bauchig oder eher schlank? Bei alledem siehst du kein Bild. Nur deine geistigen Hände tasten sich durch die Dunkelheit.

Du hast einen Krug mit Wasser bei dir, in das du eine Frage oder einen Wunsch gelegt hast. Schütte es nun in den Kessel. Höre, wie es hineinplätschert. Fühle, spüre, aber tu sonst nichts weiter. Gib deine Frage oder einen Wunsch an den Neumond ab, dann gehe

wieder, denn es gibt nichts zu tun. Der Mond hat die
Energie, die den Kessel nun heizt. Je mehr er zu-
nimmt, desto wärmer wird das Wasser im Kessel
und desto reifer wird die Zeit.

Zu Vollmond ist es soweit. Das Zimmer ist hell
erleuchtet. Du siehst den Kessel. Welche Farbe hat
er? Welches Metall? Welche Form? Das Wasser im
Kessel kocht und verdampft. Halte eine Schüssel
darüber und fange den Dampf auf. Es ist destillier-
tes, reines Wasser. Laß es in eine kleine farbige
Glasflasche laufen. Was immer du an Neumond für
eine Frage in den Kessel gegeben hast, alles ist nun
geklärt. Nimm einen Schluck aus der Flasche und
bitte um ein geistiges Bild als Antwort oder beende
die Meditation und mache ein Orakel (Tarot, I Ging,
Würfel, Münzen ...).

Wenn du einen Wunsch in den Mondkessel gelegt
hast, dann laß das Wasser verdampfen. Sieh nur,
wie über dem Kessel eine kleine Wolke aufsteigt.
Welche Farbe hat sie? Du hast eine Schale mit Erde
dabei. Dort drin liegt der Same für deinen Wunsch.
Halte die Schale unter die Wolke und bitte um
Regen, der die Erde fruchtbar macht, auf daß dein
Wunsch wachse. Mit dem abnehmenden Mond
saugt sich das Wasser in die Erde und verschwindet.
Nach Neumond bricht die Erde auf und die Saat
wächst und trägt Frucht. Beende die Meditation mit
der Gewißheit, daß sich alles zum Richtigen hin
entwickelt. Sollte kein Regen aus der Wolke kom-
men, dann überdenke deinen Wunsch nochmals.

Damit will dir dein Unbewußtes sagen, daß es deine Sache nicht unterstützt oder daß die Zeit noch nicht reif ist.

Drei Fische, Holzschnitt

Führe die Vollmondübung zu einem anderen Zeitpunkt und nicht gleich im Anschluß an die Neumondmeditation durch. Beide Meditationen dienen dazu, deine Visualisierungskraft zu stärken, und sie machen dich mit den unterschiedlichen Mondenergien vertraut.

Vollmond

Wenn du vollmonds in das Zimmer kommst, so ist alles hell und klar. In der Mitte steht der Kessel und unter ihm brennt ein Feuer. Wie sieht der Kessel heute aus? Faß ihn nicht an, denn er ist heiß. In einen heißen Kessel darfst du nichts Kaltes füllen, sonst springt er. Bringe warmes Wasser mit und deinen heißesten Wunsch oder deine brennendste Frage und koche eine Suppe:

Gieße Öl in den Kessel, gib geschnittenes Gemüse dazu, alles, was dir einfällt, gieße auf und lasse kochen … Sieh, wie es brodelt und dampft. Dort kocht dein Wunsch, deine Frage. Iß nun von der Suppe. Heute mußt du nicht warten. Schöpfe dir einen Teller voll heraus. Ist sie dick oder wäßrig? Nach was schmeckt sie? Hast du sie gut gewürzt? Oder magst du sie nicht? Dann solltest du Wunsch oder Frage nochmals überdenken! Irgend etwas stimmt nicht, schmeckt dir nicht bei der Sache.

Ist deine Suppe jedoch köstlich, dann kannst du davon ausgehen, daß sich dein Wunsch in kurzer Zeit erfüllen wird, bzw. daß deine Frage positiv beantwortet ist. Hierbei sind aber auch allerlei Zwischentöne möglich. Achte genau auf deine Empfindungen. Beende dann die Meditation.

Fremde Energien

Ich erinnere mich noch gut an den Besucher, der bei meiner Freundin in der Küche saß. Er war ein blondgelockter Jüngling, Versicherungsvertreter mit dem Aussehen von »Mamis Liebling«. Ich besaß damals keine eigene Waschmaschine und so gab es einmal die Woche einen Waschtag bei meiner Freundin. Wir klatschten immer wie die berühmten Waschweiber, während die Maschine, fast wie magisch, die saubere Wäsche hervorzauberte.

Diesmal war jedoch noch besagter Besucher anwesend und irgendwie kamen wir auf Themen wie Magie, Spiritualität und Hypnose. Es kam die Frage auf, ob man jemanden hypnotisieren könne, der davon nichts weiß. Ich war der Meinung, daß dies durchaus möglich sei. Die Werbung in Radio und TV macht sich dies – zumindest im übertragenen Sinne – ja auch zunutze.

Seltsamerweise änderte sich urplötzlich mein Befinden. Mir wurde zuerst leicht schwindlig und dann speiübel. Mir war, als wolle etwas im Bereich meines Solarplexus in mich »eindringen«. Ich spürte ein deutliches Ziehen in der Gegend. In fieberhafter Eile ging ich die möglichen Angreifer in Gedanken durch. Auf die Idee, daß er mir gegenübersaß, kam ich zunächst nicht. Während ich so überlegte, hörte ich den netten Jungen wie durch Watte zu mir sprechen. Jedes seiner Worte fiel schwer wie ein Stein in meine Magengrube und ich dachte nur noch: »Ich muß hier raus. Sofort packe ich meine Wäsche und gehe!« Aber ich hatte einige Mühe, den Entschluß augenblicklich in die Tat umzusetzen.

Dieses Tauziehen an meinem Solarplexus dauerte nur wenige Augenblicke, aber sie kamen mir wie eine Ewigkeit vor. Zuletzt konzentrierte ich mich auf meinen Schutzkreis. Dazu visualisiere ich einen Kreis oder einen Hülle aus weißem Licht, die wie eine Membran alles Negative abhält und nur das mir Zuträgliche durchläßt.

Einen Schutzkreis ziehen

Wie auch immer du dir deinen eigenen Schutzkreis gestaltest, er sollte so sein, daß du dich wohl und sicher damit fühlst. Das kannst du gleich einmal probieren! Egal ob du gerade im Bett liegst oder am Tisch sitzt, stelle dir diese angenehme und schützende weiße Hülle vor und versichere dir dabei in Gedanken, daß sie alles abhält, was du nicht haben willst und was nicht gut ist für dich. Das kann ein magischer Kreis sein, der dich wie ein Band umrundet, ähnlich dem Ring des Saturn, der in der Astrologie u.a. der Planet der Grenzziehung ist, oder ein weißer Nebel, der dich einhüllt oder auch ein Zylinder, der vom Erdmittelpunkt zum Zentrum des Universums reicht. Baue ein absolutes Gefühl von Sicherheit in dir auf. Je öfter du das übst, um so besser! Es empfiehlt sich, vor jedem Ritual, jeder Trancereise und Meditation den Schutzkreis zu ziehen, damit keine fremden Energien eindringen können.

Der Schutzkreis ist nicht zu verwechseln mit dem magischen Ritualkreis, der mehrere Menschen schützt. Im Schutzkreis bist nur du allein. Ziehe ihn niemals um jemand anderen mit herum.

Früher dachte ich, daß der Schutzkreis lediglich eine Art »Psychokrücke« sei, mit der ich mich vor meiner eigenen Angst schützen könne. Aber nach diesem Erlebnis mit dem blonden Jüngling war ich eines Besseren belehrt.

Mein Schutzkreis wirkte sofort. Augenblicklich fiel die seltsame Schwere von mir ab und ich hörte, wie mein Gegenüber zu mir sagte: »Bei dir funktioniert das aber nicht.« Plötzlich war mir klar, daß er mein übersinnlicher Angreifer war. Kaum zu glauben! »Sag mir, was du gemacht hast, dann erzähle ich dir, wie ich mich damit gefühlt habe.« Nun war das Staunen bei ihm. Die Wirkung seines Energieschubs war ihm offenbar nicht bewußt gewesen.

Er erzählte, wie er die Energie unterhalb des Bauchnabels gedanklich im Körper hochzieht (im chinesischen Qi Gong heißt diese Kraftzentrale im Bauch »Zinnoberfeld«). Sodann läßt er sie aus der Stirn »herausspringen«. Auch die Stirn ist ein Kraftpunkt im Körper (jemandem die Stirn bieten!). Zweifellos, der junge Mann besaß unbewußt außerordentliche Fähigkeiten, die er bereits als Kind erfolgreich zur Durchsetzung gegen Mutter und Tante eingesetzt hatte. Über diese aggressive Verwendung war er allerdings nicht hinausgekommen und bei mir wollte er eben mal testen, ob es funktioniert.

So etwas ist kein Spaß für die Betroffenen, aber der Spieß läßt sich auch umdrehen. Goldene Regel aller Magie: Kraft geht hin und Kraft kommt zu dir zurück. Wo auch immer du dein »Energielasso« hinschwingst, du knüpfst eine Verbindung, die von *beiden Seiten* benutzt werden kann. Der Energiestrom, den er auf mich gerichtet hatte, schuf eine Verbindung zwischen uns und über dieses Band strömten mir Informationen über ihn zu (oder zog ich sie an?), die ich nicht wissen konnte. Ich kannte ihn ja gar nicht.

Plötzlich hörte ich mich über seine Kindheit reden und über sein Verhältnis zu seiner Mutter. Es bereitete mir diebische Freude, ihn zu »zeranalysieren«, und seine erstaunten Augen gaben meiner Wahrnehmung recht. Es war ihm sichtlich peinlich, daß ich seine Person durchschaut hatte, und ich erlaubte mir auch ein paar Schläge unter die Gürtellinie. Das war meine Rache für den übersinnlichen Angriff. (Wie wohltuend doch manchmal so ein kleiner Triumph sein kann!) Im Grunde war ich ihm aber nicht wirklich böse, denn ich hatte sehr viel aus der Sache gelernt.

Vielleicht kommt dir meine kleine Geschichte ja bekannt vor. Möglicherweise ist dir schon Ähnliches passiert. Alle zwischenmenschlichen Interaktionen sind von Energieflüssen begleitet. In aller Regel kontrollieren wir unsere Energie und lassen nur ein gewisses Maß heraus. Entweder weil wir nicht wollen, weil der Anstand es gebietet oder weil wir blockiert sind. Zwischen Verliebten ist z.B. der Energiefluß stark spürbar, sowohl für sie selbst, als auch für die Umgebung. Im Zustand der Verliebtheit sind wir »offen«. In anderen Situationen »verschließen« wir uns z.B. mit Hilfe eines Schutzkreises. Unbewußt hat jeder Mensch seinen Schutzkreis, der mehr oder weniger stark wirksam ist. Am ungeschütztesten sind meiner Ansicht nach noch nicht einmal jene, die an all das gar nicht glauben, sondern die, die in der ständigen Angst vor fremden Energien und magischen Angriffen leben. Diese dauernden Befürchtungen höhlen das psychische Immunsystem aus und ziehen das Befürchtete geradezu herbei. Das kann auch dir passieren.

Durch dein magisches Denken erweckst du automatisch dein inneres Kind. Kinder leben noch in viel stärkerem Maße in ganzheitlichen und magischen Zusammenhängen als Erwachsene. Nun ist es aber so, daß Kinder sich auch vor mehr Dingen fürchten als Erwachsene. Vieles, was uns rational erklärbar ist, wirkt für ein Kind geheimnisvoll und oft auch bedrohlich. Es ist deshalb wichtig, daß du mit deiner erwachsenen Seite deine Fortschritte als Zauberlehrling öfter hinterfragst. Sonst könnte es sein, daß du dir etwas vormachst über die Wirksamkeit deiner Kraft oder daß du dir übersinnliche Angriffe einbildest, wo gar keine sind. Einmal am Tag an den Schutzkreis denken und sich dann darauf verlassen, daß er »eingeschaltet« ist, stellt ein gutes Gegenmittel gegen spirituelle Paranoia dar.

Wenn die Kraft aus dem Zinnoberfeld im Bauch nach oben steigt, nehmen wir an, bei einer Streiterei, dann entlädt sie sich, je nach Niveau, z. B. in wilden Armbewegungen, und wir haben eine Schlägerei. Hierzu gehören die »aufgeblähte Brust« und der »dicke Hals«. Die Energie kommt also nicht bis zum Kopf. Steigt sie höher und durchquert sie den Hals, dann entlädt sie sich möglicherweise in lautem Gebrüll. Weiter oben kommen dann »Pfeile aus den Augen«. Wenn Blicke töten könnten! Oder die Kraft wird so lange beherrscht, bis sie aus der Stirn austritt. Gedanklich läßt sich die Energie im Körper leiten.

Energieübung

Versuche einmal, einen warmen Energiestrom in deine kalten Hände oder Füße zu lenken. Wohin du deine Gedanken auch schickst, die Energie wird ihnen folgen.

Setze oder stelle dich aufrecht hin. Die Wirbelsäule muß gerade sein. Atme bewußt langsam und tief in den Bauchraum. Konzentriere dich auf das »Zinnoberfeld« unter dem Nabel. Durch das bewußte Konzentrieren deiner Gedanken auf diesen Punkt im

Körper, wird er ganz warm. Nun kannst du die
Energie leiten. Diese Übung schärft deine Gedan-
kenkraft und du solltest sie öfter durchführen.

Bei der Wunschzettelmagie lenkst du die gleiche Energie in dein Papierchen. Ebenso kannst du einen Gegenstand mit Kraft aufladen. Hochgezogene Energie sollte
nicht länger im Kopfbereich festgehalten werden,
sonst bekommst du einen Brummschädel. Ist der Energiestrom aber einmal geöffnet, fließt er ununterbro-
chen weiter. Deshalb mußt du dich anschließend »erden«, damit du wieder Boden unter die Füße bekommst.

Das Erden

Stelle dich gerade hin und spüre bewußt deinen
festen Stand. Die Fußsohlen müssen guten Boden-
kontakt haben. Nun lenkst du den Energiestrom
durch die Füße in die Erde. Das gelingt allein durch
Vorstellungskraft.
Umgekehrt kannst du durch die Fußsohlen auf die
gleiche Weise auch Energie aus der Erde aufneh-
men. Dazu stellst du dir vor, wie sie vom Erdboden
in dich einströmt. Die Erde ist insgesamt ein gigan-
tischer Kraftort, so daß du überall Energie aufneh-
men kannst. Besondere Kraftplätze jedoch geben dir
vor allem spirituelle Energie. Diese solltest du spe-
ziell zu diesem Zweck aufsuchen.

Die Sache mit der Doppelbindung

Kraft geht hin und Kraft kommt wieder zu dir zurück. So funktioniert die ganze Hexerei. Wünschst du dir etwas Schönes in der richtigen Weise, dann kommt das Schöne auch zu dir.

Wünschst du jemandem etwas Schönes, dann wird es schon etwas komplizierter, das Schöne durch Visualisierung auf die Person zu lenken. Aber ein ehrliches und von Herzen kommendes »Gute Besserung!« kommt meist an. Wenn es nicht klappt, kommt das Schöne eben zu dir, was ja auch nicht zu verachten ist. Handelt es sich jedoch um eine schlimme Verwünschung, dann wirst du sie kaum haben wollen.

Deshalb solltest du vorsichtig sein mit bösen Wünschen und auch deine Gedanken und Gefühle hierzu zügeln. Vor allem in starken emotionalen Verbindungen sind die Schwierigkeiten beim Loslassen vorprogrammiert. Ganz ins eigene Auge geht es, wenn sich später dein schlechtes Gewissen meldet. Prüfe also stets vorher, ob sich alle deine Wünsche (auch die allerbesten!) mit deinem Gewissen vereinbaren lassen oder ob du irgend jemandem damit schaden könntest. Es ist deshalb auch wichtig, deine guten Wünsche für andere (selbst Heilungsabsichten) 1. niemals ohne Erlaubnis der Person und 2. niemals ohne »göttliche Erlaubnis« durchzusetzen versuchst. (Nur Schwarze oder »graue« Magier arbeiten unerlaubt!) Wenn du die persönliche Erlaubnis des Menschen hast, dann gilt es den Willen der Götter zu ergründen (mental oder über ein Orakel). Kein Mensch steht in Schwierigkeiten, nur weil die Götter ihm übelwollen. Das meiste ist selbst verursacht und muß zwecks Lernprozeß und Entwicklung auch selbst ausgebadet werden. Du darfst also niemandem von seiner Bewußtseinsbildung abschneiden, indem du ihm »Gutes« tust oder ihn »retten« willst. Ein selbstsüchtiges Helfersyndrom tut niemals gut.

Ich richte mein gesamtes Trachten, sowohl bei mir selbst als auch bei anderen, sei es über Magie, Astrologie, Tarot, Kunst oder Gespräche darauf aus, Bewußtsein und Erkenntnis zu schaffen. Das reine Licht des Bewußtseins (im Tarot »Die Sonne«), zerstört alle Schatten des Unbewußten. Erleuchtung erlangst du nicht dadurch, daß du dich mit Lichtwesen identifizierst, sondern indem du Licht in dein eigenes Dunkel bringst.

Stelle deinem Orakel die Fragen: »Bin ich befähigt, XY zu helfen? Darf ich es tun?« Erst wenn beide Antworten »Ja« lauten, hast du freie Hand. Dann laß dir etwas einfallen, was du tun kannst, erwäge vorher alle Konsequenzen und tu es, ohne zu schaden!

Ich behaupte nicht, daß dir stets genau das gleiche passiert, was du anderen anwünschst. Aber ich habe Menschen getroffen, die durchaus als Schwarze Magier bezeichnet werden könnten. Allen war neben einer gehörigen Portion Selbstüberschätzung und Größenwahn eine seltsame Affinität zu Selbstanschuldigung und Selbstbestrafung eigen.

Einer davon hatte vor vielen Jahren versucht, einen ihm unangenehmen Politiker übersinnlich zu attackieren. Als just zu diesem Zeitpunkt seine eigene Großmutter verstarb, gab er sich die Schuld an ihrem Tode und glaubte, es handele sich dabei um eine Strafe, die er mit seiner Magie auf seine Familie herabbeschworen hatte. Ich will nun keine Erwägungen darüber anstellen, ob diese Geschichte so stimmt oder nicht. Tatsache ist, daß er sie zutiefst glaubte und darunter litt. Auch möchte ich solche Menschen nicht verurteilen, denn sie sind keine bösen Teufel, sondern krank.

Meine Folgerung aus solchen Geschichten ist: Nur ein Mensch, der durch und durch boshaft und völlig gewissenlos ist, könnte mit bösartiger Magie umgehen, ohne seine eigene Gesundheit und sein Leben zu ruinieren. Der bewußte Einsatz von Bosheit und Zerstörung (egal ob durch Zauber oder eine Waffe) setzt offenbar massive Selbstbestrafungsmechanismen in Gang, wenn nicht in diesem Leben, dann im nächsten, und die Nachfahren müssen es ausbaden. Siehe auch die psychischen und psychosomatischen Probleme jener Kriegsheimkehrer, die angefangen haben, über ihr Töten und Zerstören nachzudenken. Solange sie überzeugt davon sind, daß ihr Tun gut und richtig war, haben sie wohl keine äußeren Probleme damit. Wenn sich aber ein Bewußtsein von Schuld einstellt, werden sie des Lebens nicht mehr froh. Ähnlich führt auch eine in einem Augenblick menschlicher Schwäche ausgeführte Schadensmagie unweigerlich zu quälenden Schuldgefühlen und schweren psychischen Problemen.

Ich bin der Überzeugung, daß es keinen Menschen gibt, der von Natur aus böse ist, auch wenn mir manche Leute eine allen Menschen angeborene Bösartigkeit und Aggression weismachen wollen. Das klingt mir zu sehr nach, bereits im Mutterleib erworbener »Erbschuld« und es entläßt uns alle aus jeglicher Verantwortung.

Was gut und was böse ist, bestimmt die jeweilige Auslegung derer, in deren Kreis ein Mensch hineingeboren wird. Diese Strukturen wird er verinnerlichen und ihrem Diktat, gemäß seinem eigenen Lebensplan, folgen. Egal welche Mittel er auch immer benutzt, ob PSI-Kräfte oder eine andere Form von Macht (Geld, Wissen, Waffen usw.), er wird sie so einsetzen, wie er es als gut und richtig zur Erreichung seiner Ziele gelernt hat. In diesem Sinne zerstört sich die Schwarze Magie selbst, denn ein gewisses Maß an Schulderkenntnis steckt (hoffentlich noch) in uns allen, und in dem Moment, in dem das Bewußtsein eintritt, etwas Falsches oder Bösartiges getan zu haben, mißlingt diese Magie. Das ist der Hintergrund der vielzitierten Warnung, alles Böse falle auf einen selbst zurück.

Das Universum ist keine Ansammlung vieler verschiedener Systeme oder einzelner Objekte, die getrennt voneinander existieren. Alles, was wir tun, greift ins Ganze ein und zeitigt ein Ergebnis, mit dem wir in irgendeiner Weise verbunden bleiben. Doch nicht erst, wenn wir etwas Handfestes tun, bewirken wir ein

Ergebnis. Es reicht schon das Aussprechen (der Zaubersprüche) oder sogar ein bloßer Gedanke. Freilich hängt es von der Intensität ab, ob und welches Ergebnis erbracht wird. Aber möglich ist so etwas allemal, vor allem, wenn du zu den fortgeschrittenen Zauberlehrlingen gehörst. Der Zugang zu deiner PSI-Energie ist dann frei und du bist geübt darin, sie zu aktivieren.

Deshalb ist es besser, wenn du deine wirklich ernstgemeinten Einsätze der magischen Kraft in kleine rituelle Handlungen kleidest. Wenn du beispielsweise daran gewöhnt bist, immer erst eine Kerze zu entzünden oder das besondere »Zeremonialtuch« auszubreiten, dann kann es nicht so leicht passieren, daß dir die Energie im Gefühlsüberschwang »ausrutscht« und du vielleicht ungewollt jemandem schadest.

Manchmal kann es sein, daß du dich gegen einen Feind zur Wehr setzen mußt. Feindschaft, Wut und ähnliche Gefühle bewirken eine sehr starke Doppelbindung (genau wie Liebe). Du gibst deine Eigenmacht an andere ab. Damit bekommen deine negativen Gefühle die Oberhand und du schadest dir selbst damit. So eine richtig schöne Wut kann zwar eine Weile ganz genußvoll sein und du solltest sie dir auch laut schimpfend gönnen, z. B. unter der Dusche, da spülst du den ganzen »Seelendreck« dann gleich mit weg. Aber zuviel schadet!

In diesem Fall ist es eine unliebsame Vorstellung, daß das Universum ein Ganzes ist und du mit dem Scheusal in irgendeiner Weise trotzdem noch energetisch verbunden bist. Nun, zumindest auf der materiellen Ebene der diesseitigen Welt kannst du dir manches vom Leibe halten. Nimm deinen Schutzkreis, und wenn das nicht ausreicht, dann probiere einmal folgendes Rezept (exklusiv für Magierinnen):

Warte deine nächste Menstruation ab. Bereite dir ein kleines Papierzettelchen vor und gebe ein Tröpfchen von deinem Blut darauf. Zu einem günstigen Zeitpunkt (z. B. bei Vollmond) machst du nun einen Wunschzettelzauber. Konzentriere dich darauf, daß »im Namen deines Blutes« diese Person für ein Jahr, zehn Jahre, 100 Jahre, ganz wie du willst, keine Macht mehr über dich hat, und verbrenne den Zettel in der üblichen Weise, wenn die Kraft am größten ist. »Es ist vollbracht ohne Schaden.« Und dann vergiß es.

Blut ist ein ganz besonderer Saft! Und vor allem dieses. Es kommt aus der Gegend deines Körpers, aus dem auch die Energie stammt, die du sonst für die Magie gebrauchst. Einen stärkeren und direkteren persönlichen Schutzzauber kenne ich nicht! Blut besitzt eine machtvolle Energie. Kontrakte mit Göttern und Dämonen wurden früher mit Blut unterzeichnet. Menstrualblut aber fließt aus einer natürlichen »Wunde«, die nicht durch etwas Äußeres herbeigeführt wurde. Es ist auch das Blut der Fruchtbarkeit und beinhaltet die Kraft neuen Lebens. Um die Saatkörner auf magische Weise fruchtbar zu machen, bewahrte man sie früher einige Wochen im Menstruationshemd einer Frau auf, bevor sie zur Aussaat kamen. Und die mächtigsten Hexen waren die alten weisen Frauen, die ihr

Blut »für sich behielten«. Das mag wie mittelalterlicher Aberglaube anmuten. Aber in einem entlegenen Teil deines Unbewußten ist all dies noch lebendig, weil es zu deiner und unser aller Geschichte gehört.

Neues Gewebe aus altem Garn

Vieles von dem, was unsere Ahnen glaubten, hat heute seinen Zauber verloren. Die Wissenschaft erklärt uns alles und es scheint so, als ob die Besonderheit der Schöpfung durch ihr wissenschaftliches Verständnis verlorenginge. Wir staunen nur noch vor dem Unbekannten, dem ungelösten Rätsel, und wir staunen nur so lange, bis alles durchschaut und erklärt ist. Wer die Erklärung nicht weiß, gilt als primitiv und abergläubisch. Wer sie aber kennt, fühlt sich aufgeklärt und stellt sich über jene, die es nicht wissen.

Diese Spaltung müßte eigentlich gar nicht sein. Letztendlich wissen die einen nicht mehr als die anderen. Der Unterschied besteht nur darin, daß die einen glauben und die anderen zweifeln. Sie gelangen aus zwei verschiedenen Richtungen zum selben Ergebnis.

Sehen wir uns die alten »Zauberfäden« einmal an, die unsere Vorfahren gesponnen haben. Ein wichtiger Faden für alle Zauber war das Wissen um das Analogie-gesetz. Es besagt: Was du im Kleinen tust, das ereignet sich auch im Großen! So funktioniert auch dein Wunschzettelzauber. Durch die intensive Visualisierung der Erfüllung deines Wunsches schaffst du im Geiste eine Analogie, die sich dann im Außen erfüllt. Der Zettel als solcher ist in diesem Falle zweitrangig. Er hält lediglich die Konzentration auf das Gewünschte aufrecht.

Du könntest aber auch ein Bild malen, wie du am Strand liegst, Sonne, Sand, Meer usw. und dieses Bild dann verbrennen, auf daß es sich in der Außenwelt manifestiere. Das wäre dann ein Analogie-Bildzauber. Du ahnst sicher schon die vielen Möglichkeiten! Ja, es gibt natürlich auch Analogie-Wortzauber, -Schriftzauber, -Handlungszauber. Mache dir ein analoges Bild, im Geiste oder auf Papier, aus Wachs, Metall, Ton … Sprich ein Wort oder schreibe es auf. Führe eine entsprechende Handlung durch.

Dies soll die Erfüllung gewissermaßen vorwegnehmen. Die Energie, der Glaube, die Hingabe, die dabei zum Ausdruck kommen, schaffen die Form, die sich dann mit Materie füllt. Und schon sind wir wieder beim inneren Kind. Kinder träumen, Kinder spielen. Aus so manchem Kindertraum wird später Wahrheit, weil Kinder ihre Spiele auch mit einer gewissen Ernsthaftigkeit und Hingabe spielen.

Als ich sieben Jahre alt war, spielte ich mit meinem gleichaltrigen Freund Karli ein »Geheimspiel«. Geheim war es deshalb, weil wir den anderen Kindern nichts davon erzählten, aus Angst, sie könnten uns auslachen. Das Spiel hieß »Geisterforscher« und ging so: Wir bearbeiteten unsere »Fälle« in aller Welt, untersuchten dabei düstere Moore, klärten Spukgeschichten auf, die stets mit einer unruhigen Seele zu tun hatten, die einen gewaltsamen Tod erlitten hatte, erlösten alte Schlösser und Häuser vom Unheimlichen usw. Wir erfanden immer wieder neue und komplexere »Drehbücher« für unsere gemeinsamen Nachmittage, und die ganz normale Umgebung, der Hof, der Sandkasten, die Trauerweide, das Gerätehäuschen des Hausmeisters, wurde zu den wechselnden Schauplätzen unserer Geistergeschichten. Diese Inhalte zogen mich also schon früh in ihren Bann.

Und was tue ich heute in dieser Richtung? Erst einmal bin ich Künstlerin geworden. In der Kunst finden geistige Inhalte eine greifbare Form. (Klingt das nicht fast wie Magie?) Mittlerweile gebe ich offen zu, daß ich mich mit Astrologie, Tarot oder magischen Zusammenhängen beschäftige. Lange hatte mich die Befürchtung, andere könnten das befremdlich finden, davon zurückgehalten. Heute laufe ich mit dem Pendel durch die Wohnungen meiner schlaflosen Freundinnen und Freunde, um die »Erdgeister« und ihre Strahlungen aufzuspüren.

Nach Barbara Ann Brennan sind die Spiele der Kinder im Alter zwischen sieben und der Pubertät sehr bedeutungsvoll. »Tiefe teleologische Bedürfnisse werden wach und Verbindungen zur längst vergangenen Entwicklungsgeschichte der Menschheit kommen ins

Spiel. Es handelt sich hier um tiefe, idealistische An-
triebe, welche die Sehnsucht der Seele offenbaren und
höchstwahrscheinlich etwas mit ihrer Lebensaufgabe
zu tun haben. Im Spiel tauchen die Kinder in Archetypen ein, die ihre tiefe spirituelle Sehnsucht, ihre
Ziele und ihr Streben zum Ausdruck bringen.«[3] Was
hast du damals gespielt und was ist davon heute noch
übrig?

Nun wirst du verstehen, wie ein Analogiezauber funktioniert. Aber warum hilft manchmal aller Zauber
nichts? Warum erfüllt sich die schönste analoge Vor-
gabe nicht mit Leben? Weil dein Höheres Selbst normalerweise dafür sorgt, daß du das bekommst, was du
für deine Entwicklung brauchst. Was nicht ansteht,
wirst du auch nicht (oder nur bedingt) herbeizaubern.
Soviel zu der Frage mit dem Lottogewinn, die ich
gerade in meinem Ohr flüstern hörte! Oder hast du als
Kind »Lottogewinn« gespielt? Dann solltest du vielleicht einmal einen Lottoschein …?!

Zur Anregung deiner magischen Künste hier noch ein
schwäbischer Jagdzauber aus alter Zeit:

»Bei dem Bannen des Wildes verfährt man also: Man
macht aus Silber, Kupfer oder Zinn das Bild eines
Mannes, der in der rechten Hand einen gespannten
Bogen hält, worauf ein Pfeil liegt; im Gießen und
Stechen spricht man: Durch dieses Bild binde ich alles Wild im Walde, Hirsche, Rehe, Hasen, Füchse
usw.

[3] Barbara Ann Brennan, »Lichtarbeit« S. 130

Wenn nun der dritte Grad des Löwen aufsteigt, so steche man auf ein gleiches Metall alle Arten Wild, und bei dieser Arbeit spreche man: Durch dieses Bild binde ich alles Wild usw.

Hierauf werden beide Bilder so zusammengelegt, daß die Seiten worauf gestochen, zusammenstoßen, und dann festgebunden und in ein grünseidenes Tuch gewickelt und bei sich getragen. Man darf aber zu keiner andern Zeit auf die Jagd gehen, als wenn der Mond im Widder, Löwen oder Schützen ist.«[4]

Das Analogiegesetz ist also ein wichtiger Faden im magischen Gewebe. Nimm die richtigen Bilder, Handlungen, Worte, zur richtigen Zeit und das gewünschte Ergebnis kommt, sofern es den Göttern gefällt. Wie du deine Zauber im Einzelnen webst, welches Material du wählst usw. bleibt dir überlassen.

Vor vielen Jahren war ich in Neapel in einer Kirche (leider habe ich ihren Namen vergessen), in der es ein »wundertätiges Kreuz« gab. Es hatte einen schweren Kirchenbrand überlebt. Fast völlig unversehrt wurde es inmitten von Schutt und Asche geborgen. Nur die Füße der großen geschnitzten Holzfigur waren leicht

4 aus Handwörterbuch des dt. Aberglaubens, »Analogiezauber«

geschwärzt. Das erschien geradezu wie ein Wunder und so schloß man daraus, das dieses Kreuz Wunder tätigen könne.

Es war gleich neben dem Eingang angebracht und davor standen etliche mit dunkelblauem Samt bezogene Stellwände. Auf ihnen war eine ganze Sammlung verschiedenster, in dünnem Silberblech getriebener Körperteile, Arme, Beine, Füße, Hände, Köpfe, Leiber, auch innere Organe wie Herz oder Lunge usw. zu sehen. Dazwischen gab es Männer und Frauen im Hochzeitsgewand, Babys, Autos, Häuser, Geldsäcke, alles, was du dir nur vorstellen kannst. Die Gläubigen kauften diese Bilder in den Läden rund um die Kirche und steckten sie dann mit einer Nadel auf die göttliche Pinwand, verbunden mit der Bitte um Heilung, Heirat, Fruchtbarkeit oder Reichtum und mit einer kräftigen Spende im bereitgestellten Opferstock. Die Kirchenmänner würden es nicht gern hören, aber im Grunde ist das ein Analogiezauber. Diese Art von Bittopfer ist so alt wie das religiöse Empfinden der Menschheit. Blind ist, wer glaubt, daß es sich dabei nur um Dankesgaben handelt.

Im Altertum pilgerten die Menschen an heilige Stätten, um dort von ihren Leiden geheilt zu werden oder um Herzenswünsche erfüllt zu bekommen. Mit politischen Wechseln ergaben sich auch religiöse Umstrukturierungen. So wurden den alten Kraftorten einfach die neuen Kulte der Eroberer übergestülpt. Im Christentum kam es dadurch zu heftiger Heiligen- und Märtyrerverehrung, weil der Glaube an einen einzigen

Gott die jahrhundertealten lokalen Bräuche der Menschen nicht verdrängen und ersetzen konnte.

Wurde z.B. an einem solch starken Platz eine vorchristliche Göttin verehrt, dann fanden auch Heilungen und Orakel statt, die möglicherweise schon seit Jahrhunderten Pilgerströme aus dem ganzen Umland anzogen. Angesichts dessen war es nicht so einfach, den Leuten zu erklären, daß »ab heute ein anderer Wind weht«. Diese Veränderungen dauerten ihrerseits wieder Jahrzehnte oder noch länger, und wenn irgendwann einmal die christliche Geschichte des Kultortes aufgezeichnet wurde, dann »vergaß« man die Vorgeschichte ganz einfach und änderte den Namen oder machte aus der Göttin eine Märtyrin. Bei näherer Betrachtung der Religionsgeschichte stellt sich dann auch folgerichtig heraus, daß viele der verehrten Heiligen und Märtyrer niemals existiert haben.

Die Kulte rankten sich stets um einen heilkräftigen Ort, eine wundertätige Quelle, eine Grotte, einen Berg usw. Genaue Untersuchungen des lokalen Strahlungsmilieus dieser Stätten ergaben, daß diese Orte tatsächlich außerordentliche Kraftplätze sind, egal ob eine Kirche oder ein Tempel darauf steht.

Die Heilungen und Wunder sind also energetische Phänomene, ausgelöst durch Berührung (körperlich oder geistig) mit dem Ort und seiner besonderen Schwingung oder auch mit einem Gegenstand, der die Kraft des Ortes »enthält«, wie ein wenig Erde, ein kleiner Stein, Wasser aus der Quelle, Öl aus der Lampe, die dort stand, usw. Das Lampenöl oder irgendein

Gegenstand, der dort lange genug lag, lädt sich mit der Kraft des Ortes auf. In der Antike war es auch durchaus üblich, daß Kranke an den heiligen Stätten übernachteten, um möglichst viel von der heilenden Energie aufzunehmen. Aber auch ein kurzer Besuch oder Fingerhut voll Erde von einem heiligen Berg, enthält die gleiche Kraft wie der gesamte Berg und ist genauso wirksam.

Dies beruht auf einem anderen Aspekt des Analogiegesetzes, den wir heute als Holografie kennen. Ein Hologramm ist ein Bild, das – im Gegensatz zu einem herkömmlichen Foto, das ja stets nur eine einzige Perspektive zeigt –, die unterschiedlichsten Ansichten des gleichen Gegenstandes enthält, die dann je nach Blickwinkel sichtbar werden. Wird ein Hologramm in zwei oder mehr Stücke zerteilt, so bildet jedes Bruchstück, wenn auch mit einigen Detaileinbußen, wieder das vollständige Ganze ab. Dies liegt daran, daß bei der Holografie, stark vereinfacht gesagt, statt Farben oder Helligkeitswerten die »Interferenzmuster« der Lichtwellen aufgezeichnet werden – und diese Information ist sozusagen in jedem noch so kleinen Teil des Bildes vollständig gespeichert. Nach neuerer Forschung scheint das gesamte Universum wie eine Art gigantisches Hologramm zu sein: In jedem Ausschnitt des Ganzen sind alle anderen Aspekte mit vorhanden.[5]

Also: In jedem Teil eines Ganzen steckt das Ganze!

[5] Serena Roney-Dougal, »Wissenschaft und Magie«

Auch das wußten die Altvorderen bereits, wenn sie ihre Analogiezauber ausübten. Aus ebendiesem Grunde ist es auch möglich, über einer Landkarte mit der Wünschelrute einen Brunnen zu orten oder über der Fotografie eines Menschen seine Erkrankung und das passende Heilmittel zu erpendeln, genauso als wäre er selbst anwesend.

Kennst du den Brauch des Anspuckens eines *gefundenen* »Glückspfennigs«? Ein Pfennig ist der kleinste Teil unseres Geldsystems. Er repräsentiert aber auch (holografisch) das gesamte Vermögen der Bundesbank. Indem du ihn (dreimal) anspuckst, schaffst du eine Verbindung des Pfennigs zu dir, weil auch ein Tröpfchen deiner Spucke dich als Ganzes repräsentiert. Nun spinne den Faden einmal weiter und dann weißt du, warum der Glückspfennig Glückspfennig heißt. Bei starker Inflation und Staatsverschuldung solltest du allerdings auf diesen Brauch verzichten oder eine stabilere Währung anspucken!

Es gibt also nichts zu lachen über den kindlichen »Aberglauben« und das magische Denken, denn alles basiert auf einem realen energetischen Hintergrund. In unserem modernen Alltag wird das nur allzuleicht vergessen. Akausale Zusammenhänge übersteigen immer noch die Vorstellungskraft des »gesunden Menschenverstandes«.

Der freilich scheint vielfach schon Scheuklappen zu tragen, wenn es um durchaus greifbare Phänomene und Gefahren geht. Weil ich mich besonders mit Energiephänomenen beschäftige, frage ich mich, wohin uns die Errichtung der zahllosen Funk- und Fernsehsender noch führen wird (ganz zu schweigen von dem, was sonst noch alles strahlt). Du siehst sie nicht, aber ihre Wellen sind überall. Tausende von Satelliten umkreisen die Erde und senden unentwegt ihre Funksignale auf uns herab. Wir werden geradezu perforiert von all diesen Wellen oder Strahlen. Offenbar halten wir aber auch eine Menge davon ohne sofortigen Schaden aus – jedoch nicht alle. So hat beispielsweise eine Untersuchung der Mainzer Universitätsklinik kürzlich ergeben, daß am vielbeschworenen »Elektrosmog« wohl tatsächlich etwas dran ist: Mobiltelefone – die ach so modischen Handys – können Lern-, Schlaf- und Erinnerungsstörungen verursachen, wie die Forscher herausfanden.

Doch bei all dem treffe ich immer wieder Leute, deren einzige Angst und Sorge die schwarzmagische Ausstrahlung böser Menschen oder gar des Teufels selber ist! Das ist eine Form von Weltfremdheit, die jeder einseitigen Beschäftigung mit einem bestimmten Themenkomplex eigen ist. In dem Moment, wo der Umgang mit einer Sache wie der Magie zur Ideologie wird, tauchen sowohl Fanatismen wie auch unbewußte Ängste auf, die jedes rationalen Überblicks entbehren. Der Prozentsatz absichtlicher und versiert zielgerichteter übersinnlicher Angriffe ist sehr gering im Verhältnis zu anderen negativen Energiephänomenen in unserem Leben. Wenn du dich unwohl fühlst, suche die Ursache zuerst bei dir selbst. Projiziere sie nicht auf andere, um deiner Verantwortung für dich selbst aus dem Wege zu gehen, und bedenke, wieviel »Strahlung« jedweder Art du in jedem Augenblick deines Lebens ausgesetzt bist.

Solange du nicht durch dein Üben und Experimentieren die nötige Erfahrung, sowie durch disziplinierte Innenschau ausreichend Selbsterkenntnis erlangt hast, besteht immer auch die Möglichkeit, daß du eigene uneingestandene Wünsche und Gefühle nach außen projizierst. Vermeintlich glaubst du dann, daß die anderen dafür verantwortlich sind. In Wirklichkeit bist es jedoch du selbst. Es ist ebenso gefährlich, wenn sich die Grenzen der Wahrnehmung zwischen Innen- und Außenwelt vermischen, wie tatsächliche Schwarze Magie schädlich sein kann. Visualisiere öfters deinen »Saturnring«, den Schutzkreis, der deine Grenzen sichert, und vergiß nicht, daß du für alles, was dir passiert, auf irgendeiner Ebene deines Seins Verantwortung trägst oder dein Einverständnis gegeben hast. Ich warne deshalb so häufig vor Übertreibungen, weil ich das Gefühl habe, daß uns nicht mehr genügend Zeit bleibt, das »Ausschlagen des Pendels« hin zum völligen Gegenteil und dann erst zur goldenen Mitte, abzuwarten. Nach Jahrhunderten einseitiger Betonung des materialistischen Denkens ist die Gegenbewegung zum Spirituellen verständlicherweise dementsprechend heftig und umfassend. Aber wir können es uns nicht leisten, nun erst einmal gemütlich ins Spirituelle abzuheben und uns dabei von den immer drängender werdenden irdischen Problemen zurückziehen.

Für ein zeitgemäßes magisches Gewebe mußt du das

alte Garn in unser heutiges Verständnis so einweben, daß eine sinnvolle und »gesunde« Mischung entsteht. Diese Mischung wird dich offener und empfindsamer machen, aber auch kritischer und verantwortungsvoller dir selbst und deinen Mitmenschen gegenüber. Du wirst spüren, daß auch deine kleinsten Gedanken und Handlungen imstande sind, Großes zu bewirken, wenn sie zur richtigen Zeit am richtigen Ort und in der richtigen Weise eingesetzt werden. Und du wirst dann mit der Zeit fühlen, daß du dazugehörst, daß du ein Teil des gesamten Kosmos bist.

Flix, Flax, daß mein Flachs
vier Ellen wachs

Eine weitere Variante der Magie ist das »Besprechen«. Dazu verwendet man einen Zauberspruch oder einen Segen. In alten Zauber- und Hausbüchern sind deren viele zu lesen.

Es gibt Zauberformeln, um Dämonen zu bannen, um Krankheiten zu vertreiben, um die Felder fruchtbar zu machen, ja um das Wetter zu beeinflussen. Bereits die Griechen und Römer kannten eine umfangreiche Zauberliteratur. Die späteren Zaubersprüche wurden natürlich christianisiert (»Im Namen Gottes usw.« ...), aber auszurotten war das Besprechen nicht.

Sogar in den frühen Klöstern wurden diese Sprüche verwendet und schriftlich festgehalten. Aber nicht nur die heilkundigen Nonnen und Mönche besprachen Krankheiten, sondern auch die weisen Frauen in den Dörfern. Auch heute findest du sie noch manchmal auf dem Land, die Kräuterfrauen und »Wenderinnen«, die die Krankheit durch Besprechen abwenden können. Auch hier, wie bei aller Magie, versetzt der Glaube den Berg, und leichter als deine erwachsene und aufgeklärte Seite glaubt dein inneres Kind an die Wirksamkeit der Zaubersprüche, die du natürlich auch selbst erfinden und anwenden kannst. Und: Wenn es der Wenderin gelingt, dein inneres Kind anzusprechen, dann funktioniert das Ganze auch, ohne daß dein Verstand daran glaubt.

Zaubersprüche müssen sich zwar nicht unbedingt reimen, um zu wirken, aber die, die sich reimen, wirken
besser. Zumindest sollten sie »glatt und griffig« klingen. Warum? Nun, weil ein Vers sich besser einprägt.
Du weißt ja, wie ein Zauber funktioniert und wie
schwierig das Konzentrieren der Energie sein kann.
Wenn dein Verstand währenddessen damit beschäftigt
ist, an alles Wichtige zu denken und du dann noch
einen ellenlangen, holprigen Satz von deinem
Wunschzettel ablesen mußt, dann geht viel von deiner
Kraft verloren. Einen kurzen, prägnanten Zauberspruch aber vergißt du nicht. (Denke nur an die Magie
der Werbesprüche!) Ein Vers fließt leicht und einfach,
ohne viel Nachdenken, über die Lippen und das ist die
Voraussetzung für ein gutes Gelingen. Auch wirst du
beim Reimen der Versuchung, »zuviel zu wollen« oder
den Weg festzulegen, leichter widerstehen.
Verse werden in der rechten Gehirnhälfte geschmie-
det, wo auch Intuition, Kreativität und alle nicht auf
Logik basierenden Funktionen beheimatet sind. Hier
ist der Kontakt zum Unbewußten und zur Anderswelt
klarer. Ein Reim kann dir auch »zufallen« aus deinem
Inneren, ohne daß dir der Verstand dazwischenredet.
Das sind die besten Zaubersprüche, weil sie ganz aus
dem »Bauch« kommen. Und ohne Mitwirken des rationalen Bewußtseins erscheinen sie fast so, als hätten
sie sich selbst erzeugt. Ein Geschenk »des Himmels«
also. Außerdem klingen Reime meist lustig und das
Lachen hat seine eigene Magie! Anfangs wirst du dir
vielleicht etwas komisch vorkommen, bei der Reime-

rei. Dann laß es lieber. Du solltest nichts erzwingen.
Aber wenn dir ein guter Spruch einfällt, dann verwende ihn. Nur Mut zur Albernheit!

Die beste Magie wächst auf locker-leichtem Boden.
Verbissenheit führt zu schlechter Magie. Wenn es an
Humor mangelt, dann mißlingt ein Zauber leicht. Alle
magischen Operationen haben im Grunde experimentellen Charakter. Das solltest du nicht vergessen, denn
die feinstoffliche Ebene ist von so vielen Einflüssen
kreuz und quer und schräg und rundherum überlagert
und durchzogen. Es ist nicht möglich, sich ihrer zu
bemächtigen und sie zu beherrschen. Immer mußt du
mit ihr kooperieren, niemals wirst du (oder sonst
jemand) Omnipotenz in spirituellen Dingen erlangen.

Natürlich gibt es ein paar alte »hochwirksame« Zaubersprüche (wie der in der Überschrift), die sich über
die Jahrhunderte bewährt haben. Wichtige Formeln
zur Selbsthilfe waren die »Wund- und Blutsegen«. In
Zeiten, als der Weg zum Arzt oft Stunden oder Tage
dauern konnte, versuchten die Menschen sich in Notfällen mit übernatürlicher Hilfe zu heilen.

Ein alter Blutsegen war der »Longinussegen« aus dem
15. Jahrhundert: »Will du daz Blut versprechen, so
sprich diesen Segen. Ritter Longinus his der man, der
unser liben Herren Jesu Christi syne Wunden enkan.
Dy wunden blutten sere: vorstandt blut durch des
heiligen ere. Unde sprich V pater noster unde sprich
V ave maria odir scrip daz Wort *bermicza* mit demselben blute of des wunden haut mit eyne halme odir

federe.« Und so die Götter wollten, hörte die Wunde zu bluten auf.

Ein anderer Blutsegen lautete: »Verstocke, verstumme du frische Wunde, wachse zusammen Fleisch und Bein, daß es hart werde wie Stein.« Gegen den Rotlauf gab es folgende Besprechungsformel: »Rotlauf und Drach, gingen mitsammen über den Bach. Der Rotlauf verschwand, der Drach verbrannt. Im Namen Gottes usw ...« Ein anderer Spruch half gegen den Wurm: »O Würmlein, du bist klein, du hast weder Haut noch Bein, hast weder Fleisch noch Blut, in vierundzwanzig Stunden sollst sein tot.«[6]

Es gab für jeden Bedarf die passenden Zaubersprüche. Sogar die gesammelten Kräuter wurden besprochen und gesegnet, auf daß sie ihre größte Wirksamkeit entwickelten. Ich finde, das ist ein sehr schöner Brauch.

Zu Beginn der Neuzeit waren die sogenannten »Schutzbriefe« verbreitet. Man trug das Papier zusammengefaltet auf der Brust oder unter der Achsel. Es war mit dem passenden Spruch versehen und wurde oft auch weitervererbt. Vor allem Soldaten trugen diese Briefe mit einem Waffensegen, in der Hoffnung, dadurch »kugelfest« zu werden. Manche dieser Papiere wurden auch in den Kirchen geweiht. Einer davon hieß »Brief zu Britannien«. Er schützte gegen jedwede Unbill, Feinde, Tod und Teufel. Ein anderer wurde »Der Passauer Zettel« genannt und stammte von »der

---

[6] J. H. Wolf, Zeitschrift für dt. Alterthum, Bd. 7, 1849

anderen Fraktion«, d.h. er soll ein Teufelsamulett, allerdings mit gleichem Wirkungsspektrum gewesen sein.

Die Wirksamkeit der Zaubersprüche und Beschwörungen ist unbestritten. Wie sonst hätte sich diese Tradition über viele Jahrhunderte und bis in die jetzige Zeit erhalten? Sie beruht natürlich, du weißt es ja, auf der Anregung der PSI-Energie. Wer sich durch einen Zettel in der Tasche oder durch einen Ausruf in der Not sicher fühlt, ist sicher. Probiere es einfach aus, indem du dir einen eigenen Schutzbrief schreibst.

Im Heimatmuseum von Weißenhorn sah ich solche Heil- und Schutzbriefe als Wallfahrtsandenken. Auf dem Papier stand der Spruch, das Gebet oder was auch immer. Darin eingewickelt waren zusätzlich noch Kräuter, sowie kleine Gegenstände und Symbole aus Blech und Goldpapier. Das Ganze steckte, schön zusammengefaltet, in einem bestickten und mit Goldborten verzierten Täschchen aus Samt.

Ein magischer Schutzbrief

Nimm einen Zettel, etwa 10 x 10 Zentimeter, vielleicht aus Bütten oder einem anderen schönen Papier. Schreibe mit der Feder, denn es soll ja etwas Besonderes sein. Dazu gebe ich dir jetzt meinen »Bannspruch für jeden Ärger« mit auf den Weg, allerdings auf bayrisch. Solltest du dessen nicht mächtig sein, so mußt du ihn dir irgendwo übersetzen lassen oder selbst einen Spruch erfinden.

»Kreiz, Birnbaum, Hollerstaun,
Nogl drauf und zurehaun,
schleich di weg, du Ungemach,
weil i di etz gor ned brach.«

Schützende Kräuter sind beispielsweise Lavendel,
Salbei, Beifuß und Rosmarin. Sie wehren seit alters
her die »bösen Geister« ab, zu denen auch die
Gedankenformen, die durch Ärger erzeugt werden,
gehören. Wie wäre es noch mit einem winzigen
Schneckenhaus, einer Muschel oder einem kleinen Krabbenpanzer zum Zurückziehen? Vielleicht
möchtest du den bösen Geistern aber auch einen
Stein in den Weg legen. Ein Bröselchen Rosenquarz
oder Jade, ein Türkis oder ein anderer Stein, von
dem du glaubst, daß er dich schützt, erfüllt diesen
Dienst. Hier sind deiner Phantasie keine Grenzen
gesetzt. Wenn du dieses Päckchen fertig hast, falte
es zusammen und wickle es mit buntem Band ein
oder nähe ein hübsches Täschchen dafür. Dann
kommt das Aufladen mit Energie.
Die Wallfahrtsandenken lagen früher eine Weile bei
dem Gnadenbild, dem sie gewidmet waren. Das
heißt im Grunde nichts anderes, als daß die Gegenstände an einem Kraftort aufgeladen wurden. Wenn
du einen Kraftort in deiner Nähe kennst, dann lade
deinen Schutzbrief auf, indem du ihn eine Weile
dort liegenläßt. Die richtige Dauer gibt dir dein
Gespür ein oder du machst ein Orakel, das du nach
der richtigen Anzahl der Stunden, Tage usw. fragst.

Auch ein großer, starker Baum ist ein Kraftort, der (nicht nur!) dein Briefchen aufladen kann.

Aber auch du selbst kannst deinen Schutzbrief aufladen, genauso, wie du deinen Wunschzettel mit Kraft auflädst. Laß deine Energie hineinfließen und konzentriere dich dabei auf deinen Schutzkreis. Willst du den Schutzbrief verschenken, dann ist es besser, wenn du ihn nicht mit deiner Energie auflädst, sondern an einem Kraftort. Über diesen magischen Gegenstand bist du mit der Energie verbunden, die ihn aufgeladen hat, also mit dem Kraftort, mit dem Baum oder jemand anders gegebenenfalls mit deiner Kraft, was nicht immer ratsam ist. Den fertigen magischen Schutzbrief kannst du bei dir tragen, übers Bett oder die Tür hängen, ins Auto legen usw.

Du kannst diese Briefe natürlich auch anderen Zwecken widmen. Sie eignen sich gut zur »psychologischen Programmierung«. Du könntest dir beispielsweise ein »Planetenbriefchen« herstellen, das einem wichtigen Planeten in deinem Horoskop entspricht, den du gerade bräuchtest oder dessen Prinzipien du zuwenig ausdrückst, (vielleicht auch dem Herrscher deines Solarhoroskops). Oder ein Briefchen für Kraft und Energie, oder für Harmonie in der Partnerschaft, oder ...

Im »Magischen Sammelsurium« im zweiten Teil des Buches findest du astrologische Zuordnungen und Analogien zu Steinen oder Kräutern. Suche dir die passenden Gegenstände zusammen, schreibe auf den Zettel den Namen und das Zeichen des/der Planeten und verfahre zum rechten Zeitpunkt wie oben beschrieben.

Zauberknoten – Knotenzauber

Knoten hatten eine ganz besondere Bedeutung für unsere Ahnen. In einen Knoten kann etwas Gutes oder Schlechtes eingebunden werden. Über Knoten stolpern die »bösen Dämonen« und verheddern sich darin. Ein Knoten schafft aber auch eine feste Verbindung zwischen zwei losen Enden einer Schnur.

Im hohen Norden waren geschnitzte Knotenornamente verbreitet, gern auf Holztruhen oder an Hausbalken. Sie hatten überwiegend Abwehrfunktion. Diese Knotenornamente enthalten oft auch Tierleiber oder Dämonenfiguren, die mit dem Knotenwerk verbunden sind. Die dämonische Welt wird in sich selbst verknüpft, die unheimlichen Wesen so miteinander verknotet, daß sie sich gegenseitig zerfleischen und nicht über die Menschen herfallen. Aus dieser Tradition stammt der Knoten als Abwehrzauber.

Beim Nähen eines Totenhemdes achtete man darauf,

daß kein Knoten in den Zwirn gemacht wurde, weil sonst die Seele den Leib nicht verlassen könne. Später glaubte man, ein in der Tasche mitgetragener Knoten schütze vor dem »bösen Blick«. Um den Stamm der Obstbäume wurde eine Schnur geknotet, was als eine Art Schutzkreis angesehen wurde.

Du könntest deinen Schutzkreis zum Meditieren oder für Trancereisen dadurch sichtbar machen, daß du vorher mit einer Kordel einen Kreis um dich herum auslegst und verknotest. Auf diese Weise bekommst du einen »mobilen Ritualraum«, den du auslegen kannst, wo immer du magst. Zu etwas ganz Besonderem wird diese Variante des Schutzkreises, wenn du die Schnur selbst drehst oder flechtest, vielleicht sogar mehrfarbig in Farbtönen, die für dich eine besondere Bedeutung haben. Und: »Beim Flechten sprich, vor allem Bösen beschütze mich!«

Jedesmal, wenn du so dein »tragbares Loch im Netz der Zeit« öffnest, verbindest du dich mit der Anderswelt und grenzt dich zum Diesseits ab. Wenn du die Sache »richtig« gemacht hast, dann läutet in dieser Zeit kein Telefon, nichts Äußeres stört dich. Öffnest du am Schluß deinen Knoten wieder und »entbindest« dich (was sehr viel mit Geburt zu tun hat!), dann trittst du wieder voll und ganz in dieses Leben ein.

Diese kleine Handlung ist ein starkes Symbol für den Kreislauf von Geburt und Tod. Wenn du aus dieser Welt in die Anderswelt hinübertrittst, so ähnelt das, wie beim Schlaf, einem »kleinen Tod«. Du schirmst dich ab gegen das Diesseitige, Vitale und trittst ganz in die Welt des Geistes ein. In Trance oder Meditation werden die vitalen Körperfunktionen auf ein Minimum gesenkt. Deshalb ist dir mitunter nach einer intensiven Trancereise kalt.

Es gibt Yogis, die ihren Herzschlag aussetzen lassen oder ihre Atmung derart reduzieren können, daß sie kaum noch wahrnehmbar ist und man sie für tot halten könnte. Die Kunst bei der Sache ist, nur einen Blick in die andere Welt zu werfen, ohne ganz drüben zu bleiben. Hierbei hilft dir dein Knotenband. Es schirmt dich nicht nur ab gegen die Reize des Diesseits, sondern hält auch die Verbindung dazu aufrecht. Das Aufknüpfen holt dich wieder ganz »herein« ins Leben und die Öffnung zur Anderswelt verschwindet, wenn du deine Schnur aufrollst und weglegst.

Bindezauber

Mit einem Knoten kannst du einen Bindezauber machen. Verknote zwei Stückchen Schnur oder Faden, die jeweils einen der beiden Teile symbolisieren, die zusammengebracht werden sollen. Überlege dir aber genau, was du zusammenbindest! Naheliegend ist z. B. der Gedanke an einen »Liebeszauber«. Vergiß dabei aber nicht: »Und niemandem soll es schaden!« sonst schaffst du dir womöglich eine »unselige Verbindung«. Binde dir auch keinen »Klotz ans Bein« und lege dir keine »Schlinge um den Hals«. Auch hier gilt: Du kannst nichts verbinden, was nicht zusammengehört, was nicht verbun-

den werden will oder auch was an der Stelle und
mit dem Band anderweitig schon fest verbunden ist.
Du bist nicht die einzige Bindekraft im Universum,
alle anderen binden und verbinden sich ja auch
ständig. Erinnere dich an das Netz aus Energie, in
das du eingewoben bist, und sei nicht beleidigt,
wenn dein Bindezauber mißlingt. Wer weiß, für was
es gut ist!

Hierzu fällt mir eine Geschichte ein, die ich einmal in einem Film über Menschen im Himalaya sah. Die Menschen dort leben noch stark im magischen Denken und es ist Bestandteil ihres täglichen Lebens. Ein junger Mann wollte endlich von seiner Angebeteten erhört werden. Bislang hatte sie ihn keines Blickes gewürdigt und er war schon ganz krank vor Sehnsucht. Also ging er zum Magier und bat um einen Liebeszauber. Es wurden erst verschiedene Opfergaben dargebracht und dann folgte ein Orakel. Der Zauberer wollte zuerst sehen, ob die Verbindung überhaupt möglich sei. Dazu nahm er eine große Wasserschüssel, in die zwei durchlöcherte Kokosschalen eingesetzt wurden, die sich langsam mit Wasser füllten und untergingen. Bewegen sich die Schalen, die die beiden Partner symbolisieren sollen, in dieser Zeit aufeinander zu, so kann diese »natürliche« Bewegung durch einen Zauber forciert werden. Bewegen sie sich voneinander weg, rührt der Magier diesbezüglich keinen Finger. Wahrscheinlich hätte er sich dann auf die Heilung der Liebeskrankheit des jungen Mannes verlegt.

Im Film kamen die Schälchen jedoch zusammen und so bekam der Liebende seinen Zauber mit auf den Weg. Soweit ich mich erinnere, mußte er dazu fasten und nächtelang bestimmte Gebete aus einem uralten Zauberbuch murmeln. Am soundsovielten Tag dann endlich würde seine Geliebte ungerufen bei ihm anklopfen und die ersehnte Verbindung käme zustande. Und so war es dann auch.

Aber zurück zu unseren Knoten. Das Öffnen der Knoten entbindet das, was eingeknotet war. Manche Knoten gehen von selbst auf. Andere mußt du aufbinden oder sogar aufschneiden, was die schnellste Lösung bringt. Hierzu kannst du die vier Elemente – Erde, Feuer, Luft und Wasser – zu Hilfe nehmen.

Vergrabe deinen Knoten. Das bedeutet Heilen mit der Erdkraft. Mutter Erde zersetzt langsam und auf natürliche Weise das Gebundene. Es versteht sich, daß du dazu keine Plastikschnur nimmst! Verbrenne deinen Knoten. Das bringt die Sache in Bewegung. Eine »falsche Verbindung« löst sich in Rauch und Asche auf. Zerschneide deinen Knoten, denn das bringt die schnelle Lösung, die klare Entscheidung. Am besten mit dem Schwert (im Tarot stehen die Schwerter für das Luftelement). Natürlich tut es auch ein großes, scharfes Messer – wichtig ist allein die Symbolik. Oder wirf deinen Knoten in einen Fluß oder Bach, damit das Ganze von deiner Seele heruntergespült wird. Aber nimm auch hier bitte nur einen ganz kleinen Faden aus natürlichem Material. Schließlich soll das keine

Aufforderung zur Müllverbreitung sein. Auch ein Knoten aus Schilfgras wirkt!

Je nach »Lösungsmittel« erhältst du dann unterschiedliche Ergebnisse. Erde wirkt körperlich, materiell. Feuer wirkt im Energiebereich, Kraft, die in einer unguten Verbindung verschwand, wird wieder frei. Luft bringt eine rationale Entscheidung. Das Denken schaltet sich ein. Wasser wirkt reinigend im Gefühls- und Seelenleben. Da gehen vielleicht auch die Schleusen auf.

Die alte Volksmedizin kannte einen Knotenzauber gegen Warzen: Mache für jede Warze einen Knoten in eine Schnur oder einen Faden. Berühre dann die Warzen einzeln mit den Knoten und »bespreche« die Knoten so, daß sie zu den Repräsentanten der Warzen werden. Dann wird die Schnur begraben. So wie sie verfault und vergeht, vergehen die Warzen!

Die Verbindung zu den Wurzeln

Der christliche Brauch, an Allerseelen der Toten zu gedenken, ist nicht neu. Die Monatswende vom Oktober zum November war bereits zu Vorzeiten das traditionelle Ende des Jahres. Die Ernte war eingebracht, die letzten Früchte wurden gesammelt und für den Winter gelagert. Mit dem sterbenden Jahr gedachte man auch der Toten, deren Geister in den langen Winternächten um die Häuser streiften.

Wie das Dunkel der Nacht, so hatte auch die dunkle Zeit des Jahres etwas Unheimliches, Jenseitiges. Es wurde früh Nacht und die Kerzen schufen auch kein helles Licht in den Zimmern. Das können wir uns heute kaum vorstellen, wenn wir nachts auf unseren erleuchteten Straßen unterwegs sind. Die künstliche Beleuchtung, »so hell wie der lichte Tag«, begleitet uns jahrein, jahraus und macht unsere Nächte, vor allem in den Städten, zu einem buntschillernden Ereignis, in dem Geister keinen Platz mehr haben.

Aber so falsch ist es nicht, wenigstens einmal im Jahr an die Ahnen zu denken. Ich gehe zu dieser Zeit gern hinaus in den Wald oder ins Feld. Dort gelingt es mir am besten, mich mit der Erde zu verbinden, in der die Ahnenwurzeln stecken.

Zu meinen Ritual gehört ein Essen mit den Ahnen, wobei ich unter Ahnen nicht nur meine persönlichen Verwandten verstehe, sondern alles, was vor mir existiert hat. Jedes Tier, jede Pflanze, jeden Stern, jeden Berg, einfach alles.

Manchmal passieren seltsame Dinge an diesem Tag, wie das eine Mal, als mich die Ahnen reich beschenkten: Ich packte in meine Tasche als erstes ein kleines Fläschchen Grappa (Geist für die Geister!), dann einen Apfel und eine Handvoll Nüsse, sowie Brot und eine »Seelenbreze«.

Die Brezel – auf bayrisch ohne ›l‹ geschrieben – gehört volkskundlich zu den sogenannten Gebildbroten, die über ihre Schmackhaftigkeit hinaus auch mystische Bedeutung haben. Eine Brezel ist ein Knoten aus Brot. Was der Knoten bedeutet, weißt du ja schon. In Bayern gibt es zu Allerheiligen die Seelenbrezen, die einfach aus Hefe- oder Mürbteig mit und ohne Zuckerglasur sein können oder aber ganz luxuriös mit Schokoladenüberzug, Buttercreme und Pralinen darauf angeboten werden. Ich kaufte eine einfache Seelenbreze, denn schließlich wollte ich den Tieren im Wald nicht den Magen verkleistern.

Im Wald suchte ich nach einem geeigneten Platz und fand ihn unter einer großen, dicken Eiche, die auf einer fast runden Lichtung stand, gesäumt von anderen Bäumen und Hecken, an denen der Weg außen vorbeiführte. Um die Eiche herum wuchs hohes Schneidgras. Als erstes sprühte ich einen kleinen Schluck Schnaps in jede Himmelsrichtung. Dann bereitete ich zwischen den mächtigen Wurzeln der Eiche ein Plätzchen für das Mahl. Als alles im Gras lag, hockten wir, wir waren zu zweit, uns dazu. Es sah wunderschön aus, der rote

Apfel im Gras, die hellbraune Breze, die Nüsse, das Brot. Wir gedachten nun schweigend unserer Ahnen.

Mir fiel meine Großmutter ein, die zu Lebzeiten oft meine helle Hautfarbe beklagt hatte und der Meinung war, es müsse etwas mit meiner Gesundheit nicht stimmen. Die letzten Worte, die sie auf ihrem Sterbebett über mich verlor, waren denn auch: »... aber blaß ist sie.«

Ich dachte an meinen Vater, der mich noch Jahre nach seinem Tod mächtig strapaziert hatte, an meinen Onkel, den Antiquitätenhändler, der einmal im Jahr zu Besuch kam und stets Unmengen an Gummibärchen und Schleckzeug mitbrachte, an andere Verwandte und bereits verstorbene Schulfreunde. Immer mehr fielen mir plötzlich ein und ich kramte in meinen mit den Jahren blaß gewordenen Erinnerungen an gemeinsame Erlebnisse, gute wie auch schlechte.

An diesem Tag steht die Tür nach drüben offen und du kannst, wenn nötig, auch einmal kräftig hinüberschimpfen ins Jenseits und dadurch deinen Groll bereinigen und die Totenseelen befreien. Vergiß aber niemals, deinen Schutzkreis zuvor kräftig aufzuladen. Am besten schon drei Tage vorher. Visualisiere den Kreis aus weißem Licht. Konzentriere dich auf seine Schutzfunktion und affirmiere: »Kein fremder Einfluß durchdringt meinen Kreis.« Du mußt dich absolut sicher fühlen. Erst dann darfst du mit den Ahnen sprechen.

Der »Film« vor meinem inneren Auge wurde nun immer schneller, von den persönlichen Verwandten und Bekannten wechselte das Bild zu einer namenlosen Menge von Frauen und Männern, Mittelalter, Römer, Kelten, Steinzeit, Urzeit ... der gesamte Geschichtsunterricht raste vorbei. Aber damit noch nicht genug: ein großes Wasser, Tiefsee, Fische, Pflanzen, alle Theorien über die Entstehung der Erde fädelten sich auf die Gedankenkette, inklusive des Wissens, das ich mir über Astrophysik angeeignet habe, bis zuletzt ein großes »SO IST DAS ALSO« auftauchte und ein strahlendes Licht meine Vorstellung beendete. Ich hatte das deutliche Gefühl, ein Glied in einer Kette von Leben zu sein, nicht mehr und nicht weniger, ein Teil der Welt, ein Stück des Ganzen.

Langsam kehrte ich wieder zurück zu der alten Eiche, ihre Wurzeln rechts und links von mir, das Ahnenmahl vor mir im Gras. Ich lauschte. Kein einziger Vogel war zu hören, nichts. Seltsam, diese Stille. Ich halbierte den Apfel und die Breze. Eine Hälfte aßen wir, die andere war für die Ahnen bestimmt. Wir knackten noch ein paar Nüsse, nahmen einen Schluck Schnaps, den kleinen Rest versprühte ich. Das Mahl war geteilt und beendet und ein starker Windstoß rauschte plötzlich durch die Blätter und hob die Stille auf.

Wir verabschiedeten uns von der Eiche und ich freute mich, daß wir für unsere kleine Zeremonie ungestört geblieben waren. Auf unserem anschließenden Spaziergang aber lagen nun viele Geschenke ...

Wie so oft, hatten wir auch an diesem Tag fast leere Speisekammern. Ich gehöre nicht zu den Menschen, die ständig alles Mögliche für den Weltuntergang horten, sondern lebe von der Hand in den Mund. Diese Jäger- und Sammlermentalität führt dazu, daß ich oft nicht beizeiten einkaufe, weil mich das Ganze erst dann interessiert, wenn ich Hunger habe. Für mich wären offene Ladenschlußzeiten ein echtes Plus, aber heute war Feiertag. Nichts zu machen!

Als wir uns gerade über unsere gähnendleeren Kühlschränke in bezug zum Abendessen unterhielten, fiel mein Blick auf einen abgeernteten Acker, auf dem noch viele kleine Kartoffeln lagen. Das war die Idee! Nachklauben! Mit Milch und Sahne und dem Restchen Käse würde es ein Kartoffelgratin geben. Die Knollen waren überwiegend klein, Handelsklasse: selbstgesucht. Wahrscheinlich sind sie durch die Erntemaschine gefallen, weil sie nicht in die EG-Norm paßten. Später stellte sich heraus, daß es eine äußerst schmackhafte Sorte war. Das Abendessen war also gerettet.

Aber der nächste Konflikt nahte schon. Wie läßt sich die Lust auf Süßes, jetzt und sofort, mit einem Spaziergang in Feld, Wald und Wiese vereinbaren?

Ganz einfach: Indem man einen Apfelbaum am Rand einer Weide entdeckt (oder dorthin geführt wird?), der, schon völlig entblättert, noch viele zuckersüße (!), rote, warzige Äpfel trägt, für die sich außer den Spatzen und Krähen längst niemand mehr interessiert.

Zu allem Überfluß fand ich noch zwei kleine Steine. Der eine ist aus Quarzit und seine Form ist ein vollkommenes Herz. Der andere besteht aus dem porösen, eisenhaltigen Sandstein, der in dieser Gegend häufig vorkommt und bildet eine nahezu vollkommene Kugel. Ich nannte sie »ein Herz und eine Seele«. Sie erinnern mich nun immer an diesen besonderen Tag, an dem wir Brot gaben und Kartoffeln (anderswo heißen sie »Brot der Erde«) bekamen, an dem wir einen Apfel teilten und viele Äpfel bekamen und an dem ich scharfen Auges war und ein Herz und eine Seele fand.

Jetzt, da ich viele Monde später diese Geschichte aufschreibe, kommt sie mir vor wie das Bild eines urzeitlichen Jagdzaubers. In der schriftlichen Reflexion erkenne ich, daß mein inneres Kind Dinge tut, die die Menschen schon immer getan haben.

Ein zeremonielles Opfer an das Jenseits und die dort lebenden Seelen sollte die Wiedergeburt dieser Seelen, vor allem des Jagdwildes, beschleunigen, so daß die Nahrung für die menschliche Gemeinschaft gesichert war. Aus Felsbildern der Steinzeit sowie aus anthropologischen Vergleichen geht hervor, daß dieses magische Weltbild vom Diesseits und Jenseits ein uraltes Gut der Menschheit ist. Immer haben Menschen versucht, Kontakt aufzunehmen mit jener Welt, in die alles Existierende im Tode hineingeboren wird. Aller Zauber zielt dorthin.

Aus diesem Grunde ist es sehr wichtig, daß wir die Verbindung zu den Wurzeln nicht verlieren. Vor dir gab es Menschen und nach dir werden Menschen leben. Vor den Menschen gab es Tiere, vor den Tieren Pflanzen und vor den Pflanzen ... Die Kette ließe sich fortsetzen bis zum ersten Teilchen, das je existierte. Alle sind sie deine Ahnen.

Schutztiere

Die Menschen der Frühzeit glaubten, daß ihre Kraft und Vitalität von Tieren und Pflanzen, von der Sonne und dem Mond usw. herkam. Sie waren überzeugt davon (Jahrtausende vor Charles Darwin!), daß sie von Tieren abstammten und daß die Tiere ihre Ahnen in der Anderswelt sind. Die Schöpfungsmythen der Naturvölker enthalten meist Tiergötter oder Tier-Mensch-Wesen, die die Erde erschaffen haben. Auch in unserer abendländischen Mythologie lebten Menschen und Tiere im Paradies in Frieden zusammen. Aber dieses mythische Paradies der Tier-Mensch-Einheit ging verloren. Die »Krone der Schöpfung«, der Mensch, hat sich aus dem Verbund des Ganzen gelöst.

Und doch besitzen wir alle ein oder mehrere Schutztiere auf der geistigen Ebene. Für die Schamanen ist das Schutztier das zweite Ich, derjenige Teil des Bewußtseins, der sich in der Anderswelt bewegt. Das Tier repräsentiert die besondere Kraft, die seiner Gattung eigen ist. Ein Hund ist etwas anderes als eine Katze. Er besitzt völlig andere Qualitäten und Charaktereigenschaften.

Auch du hast ein Schutztier und weißt es vielleicht gar nicht mehr. Erinnere dich an deine Spiele in der Kindheit. Andernfalls bitte deine Götter darum, daß sie dir in deinen Träumen ein Schutztier senden. Manchmal erscheinen sie aber auch ungerufen.

Eines nachts, es dürfte so um das »Geisterstündlein« gewesen sein, mußte ich über Land nach Hause fahren. Weil ich ganz in der Nähe meines Hexenwäldchens war, bekam ich Sehnsucht und bog von der Hauptstraße ab. Ein paar Seitenwege und die sanfte Anhöhe hinab … aber was war das? Weit vorn am Wiesenrand leuchteten zwei blitzende Punkte gespenstisch auf. Mir war sofort klar, daß es sich um ein Tier handelte. Ganz langsam rollte ich näher. Das Tier wich zu meinem großen Erstaunen nicht von der Stelle, sondern starrte mich unverwandt mit glitzernden Augen an. Ich kam auf etwa vier Meter heran und guckte aus meiner Blechkiste in die Augen eines jungen Fuchses. Und gleich danach sprangen noch drei weitere Minifüchse balgend über den Wiesenrain, um das leuchtende Wunder zu bestaunen. Ich schaltete den Motor ab und beobachtete Familie Fuchs eine geraume Weile. Auch die Füchsin schaute gelegentlich nach dem Rechten, wenn sich eines der Kleinen zu weit vorwagte.

Hinterher war ich ganz glücklich über diese Begegnung. Mir ist bewußt, daß dieser Anblick eine Seltenheit ist, aber ich hatte darüber hinaus das deutliche

Gefühl, daß etwas Außerordentliches geschehen war. Lange vor diesem Erlebnis war ich den Füchsen dort schon verbunden, denn ihre Essensreste lieferten mir seit Jahren meine Zauberknochen. Aber erst ihr Erscheinen machte mir diese Verbindung bewußt.

Ich habe in meinem »Magischen Sammelsurium« eine Auswahl solcher Tiere beschrieben, zu denen du leicht einen Bezug herstellen kannst. Alles Wissen und Verstehen ist nichts gegen das Handeln. Wenn du dich zu einem Tier besonders hingezogen fühlst, dann könnte es zu deinem persönlichen Schutztier werden. Kleine Kinder besitzen oft ganz bewußt eine Reihe von unsichtbaren »Geisttieren«, die sie begleiten und zu denen sie eine lebhafte Beziehung unterhalten. Wenn du selbst Kinder hast, dann unterdrücke diese Tendenz nicht, sondern respektiere es, wenn sie von ihren Wesen erzählen. Mit etwa 4 bis 5 Jahren endet der aktive Kontakt mit diesen Wesen ohnehin. Sie bleiben aber auch unbewußt oft ein ganzes Leben lang erhalten. Du kannst den Kontakt zu deinen Schutztieren wieder herstellen oder ein neues Schutztier finden, wenn du dich darauf einläßt.

Dein Schutztier kann dir in einem wichtigen Traum, in Trance oder in der Erinnerung an deine Kindheit begegnen. Visualisiere es und mache es zum Bewohner deines Schutzkreises, dann wird es dir Glück bringen.

Auch in der Außenwelt kannst du dein Tier besuchen. Sieh dir einmal eine topografische Karte deiner Umgebung näher an. In diesen Karten sind nämlich die meisten alten Flurnamen noch verzeichnet, die oft sehr magisch und märchenhaft klingen und dich auf die Spur zu deinem Tier bringen können. Vielleicht gibt es ganz in deiner Nähe ein Fleckchen Erde mit einem Namen wie Rabenfels oder Eulenhart, Schlangenbühl, Drachenstein, Hundsfleck, Katzental, Krötenberg, Froschlach oder ähnlich.

Mach doch einmal einen Ausflug dorthin und sieh dich um. Diese alten Flurnamen sind keine reinen Phantasiegebilde. Sie sagen sehr viel über die Örtlichkeit und ihre Beschaffenheit aus oder erzählen sogar ganze Geschichten (z. B. Galgenberg oder Hexenstein). Vielleicht findest du dort auch deinen persönlichen Kraftplatz, den Ort, an dem du dich und anderes mit der Energie deines Tieres aufladen kannst. Das könnte ein markanter Baum sein, ein Fels, der dir ins Auge sticht, eine Waldlichtung, was auch immer. Du wirst es spüren, verlaß dich drauf! Vielleicht begegnet dir das Tier dort auch leibhaftig (oder im Geiste).

Wenn du mit deinem Tier in Kontakt gekommen bist, dann pflege diese Verbindung. Es ist ein Teil von dir, über den du viel von dir selbst erfahren kannst. Sammle Wissen über dieses Tier, sowohl esoterisches wie auch zoologisches (beide Seiten verbinden!). Mache oder beschaffe dir Bilder und Zeichen deines Tieres und trage sie anfangs bei dir. Schau sie dir so oft an, wie du Lust dazu verspürst.

Ist der Kontakt lebendig geworden, kann es sein, daß dein Tier in deinen Träumen und Trancen auftaucht. Das ist ein gutes Zeichen. Mit einiger Übung (und Mut) kannst du das Tier, genauso wie deine Tarotkarten, um Rat fragen. Beachte sein Verhalten im Traum. Was sagt es dir? Sprechende Tiere gibt es nicht nur im Märchen. Oft warnt es dich vor etwas. Es kann auch als artverwandtes Tier auftreten, z.B. Katze = Tiger, schwarzer Panther, Löwe usw. Dann hat es sich in einen besonderen Teilaspekt verwandelt, dessen Bedeutung du herausfinden mußt. Wenn eine Katze zum großen Raubtier wird, vielleicht gar zum »König der Tiere«, dann zeigt dir das einen Kraft- und Machtzuwachs deines Schutztieres an. Benötigst du gerade Kraft oder Macht? Mußt du dich stärker schützen? Wovor? So oder ähnlich könntest du dich befragen, um das Bild zu deuten.

Erstens kommt es anders …

… und zweitens als du denkst! Was die Wirkungsweise der Magie angeht, so läßt sie sich nicht vorhersagen und auch kaum kontrollieren. Jeder Einsatz der PSI-Energie ist ein Experiment. Einmal gelingt es, ein andermal nicht. Oder doch? Stunden, Tage, ja sogar Jahre später …
Du wirst es schon bemerkt haben: all deine Gedanken beeinflussen deine Magie. Wenn du dir beispielsweise

einen Rosenstrauß zum Geburtstag wünschst und dir ganz nebenbei Fliederduft um die Nase weht, dann kann es sein, daß du Flieder statt Rosen bekommst! Stellst du hohe Ansprüche, dann mußt du auch sehr exakt arbeiten und ein hohes Maß an Konzentration und Willenskraft aufbringen.

Du kannst es dir aber auch einfacher machen, indem du deine festgefahrenen Vorstellungen losläßt und in die »universale Lostrommel« greifst. Wünsch dir den »für dich richtigen« Blumenstrauß, dann erhältst du auch das Richtige. Diese Magie gelingt fast immer! Aber sie geht oft ungewöhnliche Wege.

So kann es sein, daß du Veilchen bekommst, die du eigentlich nie leiden konntest. Aber »wie durch ein Wunder« findest du gerade heute den Veilchenstrauß so entzückend, daß du an dir selbst zu zweifeln beginnst. Dann war es wohl für deine magische Energie einfacher, auf dich selbst einzuwirken, anstatt auf äußere Umstände.

Es kann aber auch sein, daß dir jemand Blumen schenken will, der nicht weiß, daß Gelb deine Lieblingsfarbe ist. Im Blumengeschäft greift er schon nach den roten Tulpen, als die Verkäuferin gerade in dem Moment gelbe Iris hereinbringt. Plötzlich streift den Blumenschenker ein »Blitz der Erleuchtung« und spontan kauft er die gelben Iris. In dem Fall hat deine Magie andere Menschen beeinflußt (die allerdings offen dafür sein müssen).

Wünsche dir also immer »das für dich Richtige« und »auf dem richtigen Wege«, so ziehst du nichts Falsches heran. Willst du anderen etwas Gutes tun, wünsche »das für XY Richtige ... usw.«, denn du kannst nicht entscheiden, was andere in ihrem Leben brauchen. Um bei meinem kleinen Beispiel zu bleiben: Wenn du unbedingt auf Rosen bestehst, könnte es nämlich passieren, daß plötzlich der ekelhafte Typ, der dich kürzlich in der Kneipe angemacht hat, vor der Tür steht und freudestrahlend erzählt, er habe das unwiderstehliche Gefühl gehabt, dir Rosen bringen zu müssen ...

Ich denke, dir ist nun klar, worum es beim Zaubern geht und wo die Grenzen sind. Das gilt vor allem auch für Heilmagie. Es schadet nicht, sich gelegentlich auf magische Weise die Erhaltung der Gesundheit und den Schutz des Körpers zu wünschen. Damit schärfst du deine intuitiven Sinne für mögliche Gefahren und kannst so besser vorsorgen. Aber wenn du krank bist, ist die Magie natürlich kein Ersatz für den Gang zu Heilpraktikerin oder Arzt.

Allerdings kann sie dir zusätzlich zu den physischen Heilmethoden gute Dienste im psychischen Bereich leisten. Magie ist angewandte Psychologie und du programmierst damit dein Unbewußtes. »Ich bin gesund und heil.« Ein solcher Zauberspruch kann die Heilung enorm unterstützen oder auch einen intensiven Bewußtwerdungsprozeß auslösen, der dich zur Ursache deines Übels führt. Die MedizinerInnen flicken zwar deinen Körper wieder zusammen, aber die psychische Seite mußt du selbst bewältigen.

Auch Magie erspart dir dies nicht, denn was sie ganz sicher nicht kann, ist, deine Sorgen einfach wegzuzaubern. Ein Zauber wirkt homöopathisch. Deine Handlungen erfolgen symbolisch, d.h. wirksam sind sie zunächst nur im feinstofflichen Bereich. Von dort setzen sie sich bis in die materielle Wirklichkeit fort. Wenn du beispielsweise einen Zauber gegen ein bestimmtes Problem wirken willst, dann kann es im ersten Moment so aussehen, als ob es sich vergrößern würde. Es ist aber nicht dein Problem, das zunimmt, sondern dein Bewußtsein. Wie in der homöopathischen Behandlung werden somit deine eigenen Kräfte wachgerufen und du kannst dein Problem auflösen. Es fällt jedoch nie sang- und klanglos aus deinem Leben heraus, denn du hattest es ja nicht umsonst. Du solltest ja lernen, es zu lösen. Mach dir also in dieser Hinsicht keine Illusionen über die Wirkung der Magie.

Gehe sorgfältig mit deiner Kraft um. Du bekommst schon das, was du brauchst, was nicht immer identisch ist mit dem, was du zu benötigen glaubst. Überlasse die Auswahl dem unendlichen Geist, deinen Göttern, deinem Höheren Selbst oder einer sonstigen geistigen Instanz, an die du glaubst. Vertraue darauf wie ein Kind, daß für dich gesorgt wird. Aber übertreibe das Ganze nicht. Es geschehen zwar oft kleine Wunder, aber meist in ganz anderer Weise, als du denkst.

Um die verschlungenen Wege der Magie zu erkennen, ist es gut, dein Tun zu dokumentieren. Führe ein magisches Buch, in das du die Rituale einträgst und deine Wahrnehmungen dazu notierst. Auch scheinbare Nebensächlichkeiten und kleine Veränderungen können wichtige Hinweise sein, die dir über das Gelingen deiner Zauberei Aufschluß geben.

So kannst du überprüfen, ob beispielsweise dein Wunschzettel »angekommen« ist und außerdem verbindest du das magische Tun mit der Sprache, einer linksseitigen Gehirnfunktion, während die Magie zur rechten Gehirnhälfte gehört. Somit schaffst du eine Synchronisation zwischen beiden Seiten und »polierst« den Durchfluß. Dadurch öffnest du dich für deine intuitiven Fähigkeiten und lernst, die magische Seite des Lebens in den Alltag einzubeziehen. Und nicht zuletzt schützt du dich vor blindem Glauben. Das Buch hilft dir dabei, auf dem Boden der Tatsachen zu bleiben, weil du deinen Verstand einsetzen mußt und die Vorgänge um dich herum rational betrachtest. Es macht dich sensibler und wacher und hilft dir, das Wahrgenommene zu verarbeiten. Außerdem ist es ganz spannend und oft auch lustig, Jahre später nachzulesen, was dir alles widerfahren ist.

... zwei Welten ungetrennt

Die diesseitige und die jenseitige Welt gehören zusammen. So lehrt es das magische Weltbild. Von Natur aus besteht keine Trennung zwischen Licht und Dunkelheit. Sie stehen in komplementärer Beziehung zueinander. Ein schönes Bild dafür ist das chinesische Yin/Yang-Zeichen.

Erst der Mensch schafft durch Überbetonung und Wertung das Auseinanderdriften in Gegensätze. Eine Welt der Dualität, eine Welt, in der es nur Weiß oder Schwarz, Leben oder Tod gibt, fordert beständig Entscheidungen. Wir hasten hin zum einen, weg vom anderen. Plötzlich sind wir zu sehr dies, zuwenig das und schon taucht neuer Streß auf. Pausenlos geht es darum, die »Mitte« zu finden, was auch immer das sein mag. Dieses Suchen nach der Mitte ist ein Zeichen der Unausgewogenheit und des Denkens in Gegensätzen. Hier wird das Zyklische des Lebens unter großer Anstrengung und Energievergeudung verneint.

So wie der Mond nicht ständig voll oder »leer« bleibt, so bleibt auch niemand ständig »in der Mitte«. Wer dir dieses Wunder weismachen möchte, der verleugnet die zyklische Natur des Lebens. Freilich befindet sich der göttliche Teil von dir im »Zentrum des Kosmos« und ist nicht nur Teil des namenlosen Urgrundes, sondern IST. Aber du bist auch noch Seele, Geist, Körper – Mensch auf dieser Erde. Und hier gelten andere Gesetze als dort. Du bist sowohl göttlich als auch menschlich, sowohl himmlisch als auch irdisch und dieses Sowohl-Als-auch gilt es zu akzeptieren, wenn du nicht in spirituellen Leistungsdruck verfallen willst. Nimm deine eigene Dunkelheit an und bringe Licht hinein. Nur so bringst du Licht in die Welt.

Meditiere über den Lauf des Mondes, wenn du die beiden Welten verbinden willst. Es gibt so viele Stationen zwischen Voll- und Neumond und jede ist auf ihre Art bedeutungsvoll. Es gibt keine besseren oder schlechteren und keine dauert länger als nötig. Einzig der Wandel bleibt.

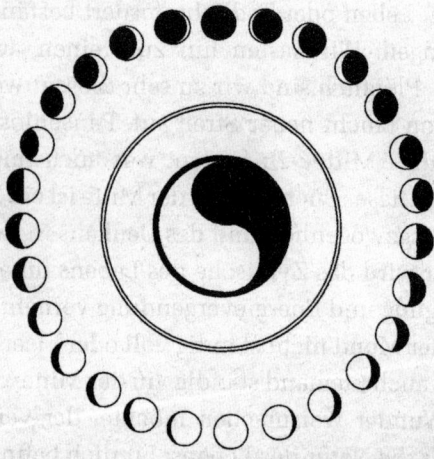

Ich habe in diesem Buch Geschichten von meiner Magie erzählt. Vielleicht hast du manches ausprobiert, weil es deinem inneren Kind gefallen hat. Ich hoffe, daß du das, was dir unangenehm war, gelassen hast. Magie ist überall. Es gibt keine »einzig wahre Art«, sie zu betreiben. Du setzt die Prämissen selbst und hast das Ergebnis zu verantworten. Deine Magie wird gemäß deiner eigenen Erfahrungen, deiner Entwicklung, deines Glaubens und deiner Anschauungen funktionieren. Du bekommst das, was du hineingibst. Nicht mehr und nicht weniger. Auch mein »Magisches Sammelsurium« soll dir lediglich Anregungen bieten, die du durch eigene Ideen erweitern oder abändern kannst/sollst.

Doch damit ist das Kapitel Magie noch nicht abgeschlossen. Die Höhere Magie hat nichts mehr mit Zaubersprüchen und rituellen Handlungen zu tun. Sie kann beispielsweise zu differenzierter Heilmagie werden, was allerdings eine entsprechende Ausbildung sowie ein hohes Maß an Verantwortung und einen gereiften Charakter erfordert. Das Buch »Lichtarbeit« von Barbara Ann Brennan beschreibt diesen Weg sehr anschaulich.

Aber Magie ist auch eine Haltung, eine Lebenseinstellung. Wenn der Zusammenhang des Ganzen, die energetische Verbindung des Universums verinnerlicht ist, dann zeigt sich ein Verantwortungsbewußtsein, das sensibel auf die Umwelt (auf den Teil des Inneren, der außerhalb ist) reagiert. Doch das gelingt nur mit Weißer Magie. Schwarze Magie wird dieses überpersönliche Niveau niemals erreichen, weil sie sich in niederen Wünschen und Vorteilen verstrickt und zudem das karmische Konto kräftig aufstockt, was niemals zu einer Befreiung des Geistes, sondern zu seiner Verkettung an die Materie beiträgt.

Wenn du dich in der magischen Sensibilität übst, dann wirst du mit der Zeit immer fähiger, transpersonale Schwingungen und äußere Energien konkret zu lokalisieren. Du siehst, hörst und fühlst mehr als vorher und diese Magie breitet sich in deinem Leben auch ohne Rituale und Zaubersprüche aus. Die Höhere Magie kommt ohne jeden Zauber aus, denn sie erwächst aus dem vollendeten spirituellen Bewußtsein. Bis dahin allerdings ist es ein langer Weg.

Zum Schluß will ich dir aber doch noch ein Patentrezept verraten, das deinem inneren Kind gefallen dürfte. Es ist das einzige Rezept, das du unbedingt so ausführen mußt, wie es geschrieben steht! Sonst wird Schreckliches passieren ...!

Rühre 125 g Butter, 200 g Zucker und ein Ei von einer braunen oder schwarzen Henne schaumig, sodann gib mit einem silbernen Teelöffel Zimt und ein Quentchen Nelken sowie 1 oder 2 Eßlöffel Rum dazu. Dann mische, unter beständigem Murmeln von »Backe backe Kuchen ...« (ich hoffe, du kennst den vollständigen Text!) 250 g geriebene Mandeln und 200 g Mehl darunter und knete einen glatten Teig. Lege ihn zum Erkalten in eine nicht zu weit entfernte Bärenhöhle. (Wenn du keine Bärenhöhle kennst, dann geht es natürlich nicht.)

Danach den Teig zweimesserrückendick auswellen und kleine Fledermäuse (du wirst eine Weile suchen müssen, aber es gibt sie!) ausstechen. Mit Ei bestreichen (frag mich bitte jetzt nicht, was für ein Ei du nehmen sollst!) und auf gefettetem Blech bei 180 bis 190 Grad backen. Achtung (glaube niemand, der dir sagt): Nimm niemals Haselnüsse für den Teig, auf keinen Fall Kardamom und wasch dir die Hände, bevor du ihn anfaßt!

Viel Spaß beim Zaubern und Knabbern!

Teil II
Magisches Sammelsurium

Sonne, Linolschnitt

1. Achte auf die Zeitqualität

Jahreszeitlicher Zyklus:

Frühling	Tagundnachtgleiche um den 23. März, Aufbruch, Keim, Energie, Licht, Wachstum, Antrieb
Sommer	Sonnwend um den 21. Juni = Höhepunkt des Lichtanstiegs ist überschritten, beginnender Abstieg, Kraft, Fülle, Arbeit, Konsolidierung
Herbst	Tagundnachtgleiche um den 23. September, Ernte, Frucht, Farbe, Erfüllung, Intensität und Absterben
Winter	Sonnwend um den 21. Dezember = Tiefpunkt der Lichtabnahme wird überschritten, beginnender Anstieg, Loslösung, Ruhe, Schlaf, Regeneration, Wachstum in der Erde

Mein 9stufiger Mondzyklus:

1. Abschnitt: *Wachstum* (Beginn an Neumond)
- Anfangsenergie, erste Bewegung, Keimkraft
  (1.–3. Tag)
- Bestimmung der Form, Bewußtsein der Grenzen
  (4.–6. Tag)
- Konsolidierung der Form, behüten und schützen
  (7.–9. Tag)

2. Abschnitt: *Handeln*
- Aktion, Ausdruck, Manifestation (10.–12. Tag)
- Konfrontation und Bewährung (13.–15. Tag)
- zurückweichen, innehalten, Erkenntnis, Identität
  (16.–18. Tag)

3. Abschnitt: *Erfüllung*
- Kommunikation und Verbindung, Kontakte
  (19.–21. Tag)
- aufnehmen, nähren, verinnerlichen (22.–23. Tag)
- Rückzug, Ruhe, Loslösung (25.–27. Tag)

Stichworte zu den 12 Tierkreiszeichen:

Widder	Willenskraft, Durchsetzung, Energie, Ehrgeiz, Begeisterung, Überarbeitung
Stier	Sinnlichkeit, Ruhe, Realitätsbezogenheit, Schön-

	heitssinn, Körperbewußt-sein, Liebe, Geld, erhalten und bewahren, nicht loslassen können
Zwillinge	Intellekt, Reisen, Fernweh, Kommunikation, Hyperaktivität, Nervosität, Streß
Krebs	Empfindsamkeit, Sensibilität, Instinkt, Rückzug, Haus und Häuslichkeit, Verschlossenheit, Überempfindlichkeit
Löwe	Egokraft, Anerkennung, Ausstrahlung, Ansprüche stellen, Treue, Offenheit, Größenwahn, Egoismus
Jungfrau	Konzentration, Überlegung, Gesundheit, Klarheit, Arbeit, Struktur, übertrieben perfekt, penibel
Waage	Schönheit, Liebe, Partnerschaft, Harmonie, Ausgleich, Unehrlichkeit
Skorpion	Selbstüberwindung, über den eigenen Schatten springen, innere Erkenntnis, tiefschürfende Gedanken, »Dahintersehen«, Fanatismus, Besessenheit

Schütze	Impulsivität, Kraft, starke Gefühle, Reiselust, Begeisterungsfähigkeit, Geld, Investition, Selbstbewußtsein, Speck ansetzen, ausufernd
Steinbock	Seelentiefe, Ordnung, Abgrenzung, Aufstreben, für Klarheit und Bilanz, Angst, Starrheit
Wassermann	Geist, Freiheit, Freundschaft, Ideale, Anteilnahme an anderen, Weltverbesserung um jeden Preis, Sprunghaftigkeit
Fische	Träume, Intuition, Hellsicht, Medialität, Orakel, Feinfühligkeit, Spiritualität, Realitätsflucht, Drogen.

Tarot und Astrologie:

0	Der Narr	Uranus
1	Der Magier	Sonne, Merkur
2	Die Hohepriesterin	Mond
3	Die Herrscherin	Venus
4	Der Herrscher	Jupiter, Widder
5	Der Hohepriester	Stier
6	Die Liebenden	Zwillinge
7	Der Wagen	Krebs, Schütze

8	Die Gerechtigkeit	Waage, Saturn
9	Der Eremit	Jungfrau
10	Das Rad des Lebens	Steinbock, Jupiter
11	Die Kraft	Löwe
12	Der Hängende	Fische
13	Der Tod	Skorpion
14	Die Mäßigkeit	Schütze
15	Der Teufel	Saturn, Mars
16	Der Turm	Pluto
17	Der Stern	Wassermann
18	Der Mond	Neptun
19	Die Sonne	Sonne
20	Die Auferstehung	Pluto, Widder
21	Die Welt	alle Energien vereint.

Durch Ziehen von Tarotkarten läst sich ebenfalls die Zeitqualität ermitteln. Welche Kräfte überwiegen in einer Sache? Welche fehlen mir? Was steht zur Zeit an?

Die Zwölfnächte

Auch Lostage oder Rauhnächte (Rauchnächte) genannt. Es handelt sich dabei um die 12 Nächte zwischen Weihnachten und Dreikönig (vom 25.12. bis 6.1.).

Sie wurden früher als eine Zeit der Wiederkehr der Seelen und des Erscheinens von Geistern angesehen. Auch die Wilde Jagd und allerlei andere Mächte sind dann unterwegs. Ahnenseelen wurden bewirtet, Geister durch Räuchern abgewehrt, und um der Wilden Jagd nicht zu begegnen, ging man nach Einbruch der Dunkelheit nicht mehr aus dem Haus und wenn, dann nur unter Erzeugung von großem Lärm. (Hast du als Kind nicht auch im dunklen Keller laut gesungen, um die Geister zu vertreiben?) Auch durfte man in den Rauhnächten keine Wäsche draußen aufhängen, schon gar nicht über Nacht, weil sich dann die umherirrenden Geister darin verfangen, was den Tragekomfort der Hemden erheblich vermindert.

Diese Tage sind zum Losen, also zum Orakeln bestens geeignet. Außerdem nahm man das Wetter an diesen 12 Tagen als Vorschau auf das Wetter der nächsten 12 Monate.

2. Suche nach Analogien

Analogien zu den Tierkreiszeichen:

Zeichen, Element	Mineralien, Steine, Metalle	Kräuter, ätherische Öle
Widder, Feuer	Schwefel, Feuerstein, Eisen, Rubin, Karneol, roter Jaspis	Basilikum, Pfeffer, Chili, Ingwer, Baldrian, Estragon
Stier, Erde	Pyrit, Ammonit, Kupfer, Malachit, Smaragd, Jadeit	Thymian, Beifuß, Salbei, Nelken, Zimt, Getreidekörner
Zwillinge, Luft	Topas, Quecksilber, heller Achat	Majoran, Kardamom Pfefferminze, Bibernelle

Zeichen, Element	Mineralien, Steine, Metalle	Kräuter, ätherische Öle
Krebs, Wasser	Silber, Perlmutt, Salz, Mondstein, Rosenquarz	Veilchen, Kamille, Brunnenkresse, Mohn
Löwe, Feuer	Gold, Diamant, Goldtopas, Tigerauge, Zirkon	Rosmarin, Lorbeer, Weihrauch, Myrrhe, Fingerhut
Jungfrau, Erde	Hämatit, Obsidian, Granat, Messing, Zinn, grüner Jaspis	Lavendel, Fenchel, Muskatellersalbei, Kümmel, Schöllkraut
Waage, Luft	Sodalith, Jade, Kupfer, Saphir, Arsen	Rose, Geranie, Ylang-Ylang, Holunder
Skorpion, Wasser	Eisen, Lava, dunkler Granat, Onyx, Amethyst	Pfeffer, Basilikum, Knoblauch, Paprika, Bilsenkraut, Fliegenpilz, Stechapfel
Schütze, Feuer	Turmalin, Türkis, Bernstein, Hyacinth, Bronze	Melisse, Wacholder, Ysop, Zedernholz, Odermennig, Salbei, Muskatnuß
Steinbock, Erde	Blei, Granit, Bergkristall, Onyx, Rauchquarz	Eisenhut, Zypresse, Kampfer, Eukalyptus, Wacholder
Wassermann, Luft	helle Jade, Uranerz, Aluminium, Diopsid, Peridot	Engelwurz, Schierling, Hopfen, Zypresse, Johanniskraut
Fische, Wasser	Aquamarin, Diamant, Wismut, Fluorit, Titaneisen, Saphir	Herbstzeitlose, Ysop, Passionsblume, Irisch Moos, Jasmin, Tollkirsche, Hanf

Die Planeten und ihre Bedeutung:

Mond

Entsprechungen:	weibliches Urprinzip, Empfängnis, Veränderlichkeit, Gefühlswelt, Wandel, Zyklen
Bilder:	Schnecke, Ei, Gebärmutter, Gefäß, Milch, Tintenfisch
Zeichen des Mondes:	☽
Tierkreiszeichen:	Krebs ♋
Wochentag:	Montag

Sonne

Entsprechungen:	männliches Urprinzip, Autorität, Vitalität, Kreativität
Bilder:	König, Herz, Mitte, Zielstrebigkeit, Regierung, Palast, Sonnenblume
Zeichen der Sonne:	☉
Tierkreiszeichen:	Löwe ♌
Wochentag:	Sonntag

Merkur

Entsprechungen:	Kommunikation, Logik, Schnelligkeit, Verstand, Struktur
Bilder:	Bote, Telefon, Tausend-füßler, Fliege, Markt, Brücke
Zeichen des Merkur:	☿
Tierkreiszeichen:	Zwillinge ♊ und Jungfrau ♍
Wochentag:	Mittwoch

Venus

Entsprechungen:	Harmonie und Ausgleich, Ästhetik, Liebe, Genuß
Bilder:	Magnet, Honig, Blume, Zucker, Schmetterling, Taube, Hochzeit, Vene, Garten
Zeichen der Venus:	♀
Tierkreiszeichen:	Stier ♉ und Waage ♎
Wochentag:	Freitag

Mars

Entsprechungen:	Energie, Antrieb, Kampf, Wille, Aktion, Durchsetzung

Bilder:	Streichholz, Flagge, Jagd- hund, Arterie, Waffe
Zeichen des Mars:	♂
Tierkreiszeichen:	Widder ♈
Wochentag:	Dienstag

Jupiter

Entsprechungen:	Werte, Humanismus, Sinn- lichkeit, Moral, Ethik, Aus- schweifung
Bilder:	Verwaltung, Schutzengel, Weihnachtsmann, Füllhorn
Zeichen des Jupiter:	♃
Tierkreiszeichen:	Schütze ♐
Wochentag:	Donnerstag

Saturn

Entsprechungen:	Grenze zum Unbewußten, Reife, Kristallisation, Zeit, Erfahrung
Bilder:	Haus, Gebirge, Zement, Rückgrat, Mauer, Stein
Zeichen des Saturn:	♄
Tierkreiszeichen:	Steinbock ♑
Wochentag:	Samstag

Uranus

Entsprechungen:	Geist, Freiheit, Revolution, Ungewöhnliches, Ideale, Exzentrizität
Bilder:	Blitz, Elektrizität, Komet, Rakete, Tornado
Zeichen des Uranus:	♅
Tierkreiszeichen:	Wassermann ♒
Wochentag:	Samstag

Neptun

Entsprechungen:	Spiritualität, Okkultismus, Medialität, Traum, Auflösung im Unendlichen
Bilder:	Nebel, Wolke, Labyrinth, Trance, Delphin
Zeichen des Neptun:	♆
Tierkreiszeichen:	Fische ♓
Wochentag:	Donnerstag

Pluto

Entsprechungen:	Schatten, Unbewußtes, Reichtum, Tod und Wiedergeburt, Transformation
Bilder:	Vulkan, Wespe, Keller,

Drache, Schmelzofen,
Bodenschätze, Unterwelt

Zeichen des Pluto:	♇
Tierkreiszeichen:	Skorpion ♏
Wochentag:	Dienstag

3. Nimm die richtigen Pflanzen und Tiere

Pflanzen zur Abwehr böser Geister

Wacholder, Holunder, Salbei, Beifuß, Rosmarin, Lavendel, Bibernelle, Basilikum, Knoblauch, Ginster, Ysop, Johanniskraut.

Du kannst sie als Räucherwerk verbrennen – was stärker wirkt – oder als ätherisches Öl in die Duftlampe geben, wenn du Räume von unangenehmen Gefühlen und Erlebnissen oder von negativen Gedankenformen oder Ärger reinigen willst, die als »böse Geister« oft noch lange im Raum haften bleiben. Vor magischen Operationen: Salbei und Lavendel verbrennen und Fenster auf! Auch zur Herstellung von Schutzbriefen aller Art geeignet.

Sehr gut ist die Anwendung dieser Kräuter auch in den Zwölfnächten. Ein getrocknetes Kräutersträußchen oder ein Kranz über der Tür leistet ebenfalls gute Dienste, wie auch der berühmte Knoblauchzopf gegen

Vampire. Die aufgehängten Kräuter sollten aber einmal im Jahr oder nach Gefühl auch öfter gewechselt werden. Ich habe die Erfahrung gemacht, daß sie als »Geistfallen« fungieren, in denen sich die Gedankenformen festsetzen. Ziehe mit dem Finger einen Kreis um sie herum, dann kannst du sie bequem aus der Wohnung tragen.

Kräutersegen

Besprich deine Kräuter (auch die gekauften) mit diesem oder einen ähnlichen Spruch, wenn sie getrocknet sind und du sie in luftdichte Gläser abfüllst: »Ich weihe euch dem unendlichen Geist des Universums und der Mutter der Natur, aus der ihr hervorgekommen seid. Zur rechten Zeit, am rechten Ort, helft ihr mit eurer besten Kraft allen Wesen auf die rechte Weise.«

Liebeskräuter und -früchte

Rose, Jasmin, Vergißmeinnicht, Akazienblüten, Lavendel, Mistel, Myrte, Veilchen, Baldrian, Kapuzinerkresse, Koriander, Zimt, Nelken.
Tomaten (= Liebesäpfel, in Österreich: »Paradeiser«), Äpfel (der Venus geweiht), Sellerie (soll aphrodisierend wirken), Bananen, Kirschen, Pfirsiche, Aprikosen.

Die Kraft der Bäume

Bäume geben Kraft. Je älter ein Baum ist, desto mehr Kraft und »Wissen« besitzt er. Sicher kennst du Fotos, wo ein Mensch an einem riesigen Baumstamm lehnt und vergleichsweise ameisenhaft wirkt gegenüber diesem mächtigen Gewächs. Ein solcher Baum hat seine Lebenskraft in Hunderten von Jahren gespeichert. Und ein solcher Baum »weiß« auch etwas von diesen Zeiten. Es läßt sich heute beispielsweise anhand der Jahresringe im Holz feststellen, wie das Wetter vor soundsoviel Jahren gewesen sein muß. Aber das gelingt natürlich nur am toten Baum.

Wenn wir davon ausgehen, daß alles energetisch vernetzt ist, dann ist es natürlich auch möglich, daß du auf dieser Ebene mit einem lebendigen Baum in Verbindung trittst. In Trance oder Meditation bist du in der Lage, dich auf der Energieebene frei zu bewegen.

Wenn du einen großen schönen Baum kennst, der gesund und kraftvoll ist und von dem du das Gefühl hast, daß er zu dir paßt, dann setze dich sooft es geht darunter. Leere deine Gedanken und entspanne dich. Öffne dich. Jeder Baum hat eine eigene Ausstrahlung, die du mit der Zeit spüren wirst.

Stell dir vor, daß sie dich wie ein feiner Hauch umgibt. Spüre die Qualität dieser Aura. Versuche, sie bildhaft zu erfassen. Ist sie zart und weich oder fest oder energiereich oder ...? Das hängst auch von der Baumart und der Jahreszeit ab. Hat sie eine bestimmte Farbe? Milchig oder klar? Spüre einfach, ohne das

Ganze zu bewerten oder zu analysieren. Schenke dem Baum und seiner Aura deine liebevolle Aufmerksamkeit, dafür gibt er dir etwas von seiner Kraft. Danke dem Baum und komm wieder herein ins Hier und Jetzt, indem du dir sagst, daß du nun wieder wach und fit bist. Vergiß nicht, dich zu erden.

Welchen Baum du dir aussuchst, ist gleichgültig. Es gibt keinen besseren als den, mit dem du dich wohl fühlst. Wenn dir verschiedene Bäume gut gefallen, dann erfühle ihre Eigenarten und Unterschiede. Mach aber bitte nur eine Trancemeditation pro Spaziergang. Überlade dich nicht und konsumiere diese Energiephänomene nicht wie die Waren im Supermarkt.

Einzelne Tiere und ihre Magie

Bienen sind Symbole der Fruchtbarkeit, aber auch des Fleißes. Wenn eine unfruchtbare Frau Bienen verzehrt, soll sie bald schwanger werden (in Südchina stehen geröstete Bienen als Leckerbissen auf dem Speisezettel. Geschmack: etwa wie Kartoffelchips). Der süße Bienenhonig wurde oft als Vergleich mit der »Süße der Liebe« herangezogen (»Süß wie Honig sind deine Lippen«). Aus dem Bienenwachs wurden vielfältige Votive und Opfergaben gegossen.

Die *Kröte* ist ebenfalls ein Fruchtbarkeitssymbol und insbesondere ein Symbol des Uterus. Kröten aus Wachs oder Eisen waren früher beliebte Votivgaben (Heilung der weiblichen Geschlechtsorgane).

Auch der *Frosch* gehört hierher. Er war im Mittelalter das Totemtier der Hexen. Im alten Ägypten war der Frosch das Symbol des Fötus. Hekate, die alte weise Frau, war auch die Göttin der Geburtshilfe und trug ein Froschamulett. Bei den Römern war er der Venus geweiht.

Die *Schlange* ist ein Symbol für Weisheit und langes Leben. Im Altertum glaubten die Menschen, daß sich Schlangen durch ihre Häutungen verjüngen und daher nicht sterben. Als Schlange, die sich in den Schwanz beißt (Ouroboros), ist sie ein Bild der Unendlichkeit.

Schlangengöttinnen gab es in vielen Kulturen, wie auch den Glauben an eine Urschlange, aus der alles Leben hervorgeht. Männliche Schlangengötter betonten mehr die phallische Seite, weshalb die Schlange auch ein erotisches Symbol ist. Selbst in der Bibel gab es göttliche feurige Schlangen, die *Seraphim*. Erst später, durch die Geschichte mit Adam und Eva, geriet die Schlange in Verruf.

Sie ist die Überbringerin von Erkenntnis und initiierte somit die Freiheit des Menschen sowie das Bewußtsein der Dualität. Erkenntnis ist nicht negativ, aber um sie zu erlangen, ist Objektivität notwendig. Wird diese jedoch überbetont und zur alleinseligmachenden Wahrheit emporgehoben (bestes Beispiel ist die Allmachtstendenz der heutigen Wissenschaft), dann kann dies üble Folgen haben. Das Licht der Erkenntnis entzaubert unser Leben. Wissen ist eine Macht, die in Verbindung mit Hybris (Größenwahn) durchaus teuflisch wirkt. Das Erkennen und Messen muß angemessen sein, wenn es human bleiben soll. Als Lichtbringerin steht die Schlange für Kräfte, bei denen es unbedingt auf den richtigen Umgang ankommt.

Die Schlange ist ein beliebter Schmuck (Ringe, Armspangen, Ketten, Gürtel). Wenn du Schlangenschmuck trägst, sei dir der zwiespältigen Macht bewußt, die die Schlange repräsentiert, und gehe in der richtigen Weise damit um.

Der Schlangenstab des Hermes (Caduceus), um den sich zwei Schlangen ringeln, ist eines der ältesten und ehrwürdigsten heiligen Zeichen. Er steht für Gesundheit und Weisheit (vergl. unser heutiges Ärztesymbol, den »Äskulapstab«) und die harmonische Verbindung von Gegensätzen. Aber auch hier findest du die Zwiespältigkeit. Das Wissen des Arztes kann in gleicher Weise zur Heilung oder zum Töten dienen.

Hausschlangen (harmlose Nattern), die sich im Schuppen oder Stall einnisten können, bringen Glück, weshalb man sie nicht vertreiben soll.

Nahe verwandt ist der *Drache*, im alten China eine beschützende Astralgottheit. In Asien findest du oft Drachen als Wächter an den Türen. In Indonesien gibt es den Barong, einen Drachen, der als übernatürlicher Retter in den Mythentänzen auftaucht.

Bei uns ist der Drache, ebenso wie die Schlange, negativ besetzt. Er frißt Prinzessinnen und es bedarf eines Helden oder Heiligen, um ihn zu töten. Aber der Drache ist auch ein Symbol des Feuerelements und der Hüter des Feuers.

Unterirdisch winden sich »Drachenströme« durchs

Land. Gemeint sind damit besondere geomantische Linien von außerordentlicher Stärke. Die Altvorderen errichteten ihre Kultstätten oft an den Kreuzungspunkten solcher Drachenlinien, was u.a. dazu diente, den »Kampf der Drachen« zu entschärfen und das Schädliche in positive Kräfte umzuwandeln.

In diesem Sinne frißt der Drache tatsächlich Prinzen und Prinzessinnen, wenn er z.B. unter einer Straße hindurchfließt. Hohe Unfallhäufigkeit auf übersichtlichen und geraden Strecken kann das Anzeichen für einen »unterirdischen Drachen« sein. In der Nähe von Augsburg gibt es eine Stelle, die vor Jahren, nach vielen »unerklärlichen« Unfällen, mit der Wünschelrute untersucht wurde. An der Stelle, wo die Unfallfahrer von der Spur abkamen, waren auffallend viele Störzonen zu verzeichnen. Ein bißchen Alkohol, ein wenig Schläfrigkeit ... und dann der Ritt auf dem Großen Drachen, das kann ins Auge gehen!

Magische Bedeutung hat auch die *Katze*. Wenn sie Gras frißt, regnet es bald, und wenn sie sich putzt, ist Besuch zu erwarten. Eine schwarze Katze im Haus bringt Glück, eine dreifarbige schützt es vor Feuer. Kreuzt jedoch eine fremde schwarze Katze deinen Weg, so soll dies Unglück bedeuten. Um diesem vorzubeugen, muß man drei Steine über die Katzenspur werfen oder auf einen Stein spucken und ihn über die Stelle werfen, wo die Katze gelaufen ist. In schwarze Katzen verwandeln sich auch manche Hexen.

Auch der *Hund* gilt als prophetisches Tier. Wenn er Gras frißt, ändert sich das Wetter. Außerdem glaubt man, er könne Geister und Unsichtbares sehen, bzw. Unhörbares wahrnehmen. Als ein Onkel von mir im Krankenhaus im Koma lag, passierte es wiederholte Male, daß am Abend, wenn meine Tante zu Bett ging, die beiden Hunde ins Schlafzimmer stürmten und dort eine Zimmerecke verbellten, in der sonst nichts zu sehen war. Sie hatte jedesmal Mühe, die Tiere zu beruhigen. Dieses Verhalten endete erst, als mein Onkel gestorben war. Ich vermute, daß er die Tage vor seinem Tod außerkörperlich nach Hause zurückkehrte und daß die Hunde ihn auf irgendeine Weise wahrgenommen haben.

Man sagt auch: Menschen, zu denen Hunde und kleine Kinder ungerufen kommen, sind gute Menschen. Dieser Spruch zeugt von dem untrüglichen Instinkt, der Hunden und Kindern eigen ist.

Der *Wolf* war früher bei uns ein gefürchtetes Raubtier. Aber seine Gefährlichkeit für die Menschen war wohl größtenteils Mythos. Sicher hat er den Menschen geschadet, indem er gelegentlich ein Schaf oder anderes Nutztier gerissen hat, aber ein »Menschenfresser« ist der Wolf nur im Märchen.

Im Altertum wurde er als Gottheit verehrt und eine göttliche Wölfin war es, die Romulus und Remus aufzog.

Es gab außerdem noch die Werwölfe oder Geistwölfe. Dieser Begriff leitet sich von Kulten ab, bei denen sich die Gläubigen, die eine Wolfsgottheit verehrten, an bestimmten Tagen im Jahr »in Wölfe verwandelten« (vermutlich durch Masken und Gewänder in Verbindung mit Tanz und Trance). Die Bezeichnung *Werwolf* existierte in allen europäischen Sprachen[7] und oft trugen SchamanInnen diesen Titel. Zur Zeit des Christentums wurden die heidnischen Bräuche verteufelt und der Werwolf zu einem monströsen Dämon. Es wurde behauptet, er fresse kleine Kinder und erhalte seine Verwandlungsfähigkeit vom Teufel selbst. Gefangene »Werwölfe« wurden von der Inquisition verurteilt und starben unter grausamen Qualen.

Die Begegnung mit einer *Schafherde* soll Glück bringen, während eine *Schweineherde* nichts Gutes verheißt – ganz im Gegensatz zum rosigen Ferkel, das zahllose Glückwunschkarten ziert. Das Schwein war in bestimmten Kulten der Großen Mutter heilig und für die Altvorderen gab es eine Reihe von Ebergöttern. Sowohl in Skandinavien, wie auch im Mittleren Osten waren sie zu finden. Schweine waren beliebte Opfertiere, die in Syrien der Astarte und in Griechenland der Demeter geopfert wurden. Das weibliche Schwein ist ein Symbol für Fruchtbarkeit.

Die *Eule* ist ein altes Hexentier. Hexen haben sich des Nachts angeblich in Eulen verwandelt und ihre Streifzüge unternommen. Deshalb waren Eulen im Mittelalter nicht sehr beliebt. Wird jemand als »alte Nachteule« bezeichnet, so ist dies nicht immer freundlich gemeint. Aber die Eule ist auch ein Symbol der Weisheit und Gelehrsamkeit. Im Altertum war sie der Göttin Athene geweiht. Mach dir eine Eule aus Wachs,

[7] Barbara G. Walker, Das geheime Wissen der Frauen

lade sie mit Kraft auf und stecke sie in die Tasche, wenn du eine Prüfung schreiben mußt.

Der *Rabe* ist ein klassischer Toten- und Unterweltsvogel. Er steht mit den Mysterien von Tod und Wiedergeburt in Verbindung und ist ein Symbol der Einweihung in dieses Wissen. In der Alchimie ist der Rabe das Bild der Auflösung und Verwesung, der dunkelsten Finsternis (nigredo), aus der dann das neue Licht hervorgeht. Der Rabe verbindet das Diesseits und das Jenseits, indem er Botschaften von da nach dort trägt. Außerdem zählt er zu den Seelenführern.

Der *Hase* ist der Frühlingsbote und ein Symbol für Fruchtbarkeit (die Häsin wirft bis zu achtmal im Jahr). Als unser Osterhase scheint er das *alter ego* des Weihnachtsmannes zu sein. Er beschenkt uns mit Eiern (Keimzelle, Fruchtbarkeit, Wachstum). Auch ist ein kleines Häschen bei Kindern sehr beliebt. Alle wollen es streicheln und herzen (Stichwort »Zärtlichkeit«). Eine Eigenart des Hasen ist es, auf der Flucht blitzschnelle »Haken zu schlagen«, d. h. er flieht nicht in gerader Linie, wie andere Tiere. Auf diese trickreiche Weise entkommt er seinen Feinden. Mit den großen Löffeln hört er außerordentlich gut.

Der *Fuchs* ist das Sinnbild für Schläue. Meister Reineke symbolisiert den Intellekt in seinem listigen Frühstadium. List hat auch mit Täuschen und Tarnen zu tun. Manchmal ist eine Tarnung sehr wichtig, vor allem, wenn es um okkulte Dinge geht. Auch der Fuchs ist ein Hexentier.

Das *Pferd* ist ein altes Kulttier. Epona, die Weiße Stute,

war eine Göttin, die von den Kelten hoch verehrt wurde. Selbst das Steckenpferd war früher ein heiliges Symbol. Es gab pferdeköpfige Kultstäbe. Bei den zentralasiatischen Schamanen trug der Trommelschlegel oft einen Pferdekopf. Dort gehört das Pferd als Totentier zum Jenseitsbereich und es trägt die SchamanInnen in die Unterwelt.

Pferde wurden oft zum Begräbnis ihrer Besitzer geopfert und so dem Toten mit auf die Reise gegeben. Das altnorwegische Wort *drasil* bedeutete sowohl Pferd als auch Galgenbaum. In Indien wurde die Große Göttin als Saranyu (Mutterstute) verehrt und es wurden ihr Hengste geopfert. Auch im alten Rom gab es das Schlachtopfer eines Pferdes, das der Vesta dargebracht wurde.

In Griechenland wurden die Zentauren verehrt, Wesen halb Mensch, halb Pferd, die aus der Verbindung der göttlichen Stute mit Menschen hervorgingen. Die Zentauren waren große Zauberer und Heiler und besonders gute Liebhaber. Der Pegasus, das geflügelte Pferd in den Wolken, trug die Helden in den Himmel und ist das Symboltier all jener, die schreiben. Nach mittelalterlichem Glauben ist die Stute ebenfalls eines der Tiere, in die sich Hexen verwandeln konnten. (Du wirst bemerkt haben, daß alle Tiere, die von den Heiden verehrt wurden, im Mittelalter »Hexentiere« waren.)

4. Auch Zahlen zählen

Die Kraft der Zahlen

Alles, was existiert, jede Form, sei es Pflanze, Tier oder Mensch, folgt bestimmten Zahlenverhältnissen, die sich gesetzmäßig zueinander verhalten. Und es gibt Maßverhältnisse, wie z. B. den Goldenen Schnitt (lat. sectio aurea), die immer »stimmen«. Ein Zimmer, dessen Einrichtung nach dem Goldenen Schnitt aufgestellt ist, wird immer eine angenehme Ausstrahlung haben, weil die Proportionen von Gegenständen und Freiflächen zueinander im richtigen Maß stehen. Der Häuser- und Kirchenbau zu früheren Zeiten war eine wahre Philosophie der Zahlen und des rechten Maßes. Den Altvorderen war klar, daß die Zahlen ihre eigene Magie besitzen.

Hier wird eine metaphorische Kraft offenbar, die in den Zahlen steckt, und deren Sinngehalt du kennen solltest, wenn deine Magie wirksam werden soll. Es ist nicht gleichgültig, ob du zwei oder drei Muscheln in deinen Schutzbrief legst und es ist ein Unterschied, ob du einen oder fünf Knoten machst. Wähle also mit Bedacht!

Die *Eins* ist die Einheit und der Ursprung. Aus der einen universalen Kraftquelle, aus dem Urgrund, entspringt alles, was existiert. Die 1 ist aller Dinge Anfang. Zur Zahl 1 gehört auch das Element Feuer. Sie ist die Zahl der Sonne, des Lebens und des Wachstums. In der 1 ruht die schöpferische Energie und das kollektive Ideenpotential. Ihr Planet ist die Sonne und ihr Zeichen ist der Punkt.

Die *Zwei* ist die Zahl der Polarität, der Gegensätze, aber auch der Verbindungen. Es gibt 2 Geschlechter, weiblich und männlich, die polare Kräfte sind. Die 2 ist die Zahl der Ehe, der Sonnenwenden, der Tagundnachtgleichen, aber auch die Zahl der Zwietracht und Abspaltung. Ohne die 2 gäbe es keine Entwicklung. Sie ist die erste Zahl über der Einheit. Ihr Planet ist der Mond und sie ist die erste weibliche Zahl. Zu ihr gehört das Bild der Linie.

Die *Drei* ist die Zahl der Entspannung. Aus der Polarität entsteht ein Drittes. Daher ist sie auch die Zahl der Geburt. Aller guten Dinge sind 3! Die Großen Götter sind dreifach aspektiert, z. B. die Göttin als Mädchen (Persephone), als Frau und Mutter (Demeter) und als weise Alte (Hekate). In dieser Dreifaltigkeit steckt auch der Zeitbegriff (Vergangenheit – Gegenwart – Zukunft, Geburt – Wachstum – Tod) und die Räumlichkeit (Dreidimensionalität). Ich werfe eine Münze dreimal, um eine Ja/Nein-Antwort zu erhalten. Dreimal werden die Zaubersprüche wiederholt. Auch zum Bannen ist die Zahl geeignet. Aus 3 Bändern werden Zöpfe geflochten und die 3 ist eine Glückszahl. Ihr Bild ist das Dreieck.

Die *Vier* ist die irdische Zahl. Es gibt 4 Elemente und 4 Weltecken (Himmelsrichtungen). Das Naturkreuz (mit gleichlangen Balken) ist ein Symbol der 4 Himmelsrichtungen und ein altes magisches Zeichen. Mit einem Kreis umrundet zeigt es das Eine, den Urgrund. Das Bild der 4 ist das Quadrat. Es gibt 4 Grundlagen zur Beurteilung des Bestehenden: Verstand, Gelehrsamkeit, Vermutung, Gefühl. Die 4 ist das Diesseitige und hierin die Vollkommenheit. In der Jungschen Psychologie ist die 4 die einfachste Form der integralen Ganzheit und ein Vielfaches davon zeigt ihre Differenzierungen auf höheren Ebenen.

Die *Fünf* besteht aus der ersten geraden und der ersten ungeraden Zahl: 2 + 3. Sie verbindet also Gegensätze. Daher besitzt sie große Kraft. Das Pentagramm ist ihr Bild, ein uraltes magisches Zeichen und ein Symbol für den Menschen (Kopf oben, Arme links und rechts, Beine unten, umgekehrt steht er kopf!). Die 5 vertreibt Geister, denn sie ist selbst eine geistige Energie. Sie kommt nach der 4, der irdischen/materiellen Ebene und symbolisiert den reinen Geist, Spiritualität und die Fähigkeit zur Transzendierung der Erscheinungen des Lebens.

Sechs Seiten hat der Würfel, mit dem du Zahlenmagie betreiben kannst. Die 6 ist ebenfalls eine vollkommene Zahl. Ihr Bild ist das Hexagramm, ein Stern aus 2 Dreiecken, eines mit der Spitze nach oben (Zeichen für Feuer), eines mit der Spitze nach unten (Zeichen für Wasser). Sie vereint also Gegensätze harmonisch und gleichwertig und zwar in der diesseitigen Welt. Für die niedere Magie: Heirat und Sexualität sind Themen der 6, ebenso wie jede Art von Kommunikation.

Die *Sieben* ist das »Vehikel menschlichen Lebens« (im Tarot »Der Wagen«). Sie ist das Bewegliche und daher die Zahl der magischen Kräfte. Sie vereint Körper (4) und Seele (3) und bildet so die kosmische Ganzheit. Es gibt 7 Chakras und in der Astrologie 7 »innere« oder personale Planeten. Die 7 ist ein wichtiges Zeitmaß. Alle 7 Jahre hat unser Körper seine gesamten Zellen regeneriert. Mit der 7 beginnt der Bereich der Höheren Zahlen, die weit über das Diesseits hinausreichen. Sie ist eine Schwelle zur Anderswelt und Saturn ist der Hüter dieser Schwelle.

Die *Acht* ist nach der Pythagoreischen Zahlenmagie die Zahl der Gerechtigkeit und Fülle (im Tarot »Die Gerechtigkeit«). Mit der 8 vollendet sich die Oktave und eine höhere Ebene beginnt. Das achtspeichige Rad ist ein altes Bild des Spirituellen Weges, nicht nur für die Buddhisten. Ursprünglich war es ein orientalisches Symbol für die Große Göttin in ihrer Funktion als Gebieterin des Schicksals. Die auf der Seite liegende 8 ist ein Zeichen für die Unendlichkeit.

Die *Neun* ist den Musen geweiht, den Göttinnen der Kunst und Wissenschaft. Im Tarot ist sie die Zahl des Eremiten. Ihr Vielfaches läßt sich am Ende immer wieder auf 9 zurückführen, z. B. 3 x 9 = 27, Quersumme 2 + 7 = 9. Das bedeutet, daß diese Zahl immer erhalten und immer sie selbst bleibt. Somit bekommt sie eine Beziehung zum göttlichen Urgrund, der war, ist und sein wird, egal, welche Formen er annimmt. Die 9 ist eine heilige Zahl.

Die *Zehn* ist die Zahl der Vollendung eines Zyklus. Sie beschließt die Zahlenreihe der Einer und beginnt die Reihe der Zehner. Sie besteht aus 1 und 0, hier verbindet sich der Anbeginn, die 1, mit dem Nichts, symbolisiert durch die 0. Von alters her ist auch die 10 eine heilige Zahl. Im Christentum gibt es 10 Gebote Gottes. Reinigungen und Fastenrituale dauerten 10 Tage. Der kabbalistische Baum des Lebens hat 10 Sephiroth.

Die *Elf* ist 10 + 1, der Neubeginn auf einer höheren Stufe. Hier ist die Kraft der 1 um das Bewußtsein der vorangegangenen Zahlen erhöht.

Die *Zwölf* ist wieder eine magische Zahl. Wir kennen 12 Tierkreiszeichen, 12 Monate vollenden ein Jahr und das gute alte Dutzend war früher eine gängige Maßeinheit. Mit 12 Sternen ist die Himmelskönigin gekrönt. Auf dem Zifferblatt der Uhr zählen wir bis 12, dann ist ein Kreis vollendet.

Die *Dreizehn* ist ebenfalls eine heilige Zahl. Das Jahr hat 12 Monate, die sich am Lauf der Erde um die Sonne orientieren, aber 13 Monde vollenden ein Jahr. Deshalb steht die 13 mit dem Mond in Verbindung und mit allen Mondgöttinnen. Die Ordnung der 13 entspricht der alten Göttin, der Großen Mutter des Lebens. Auch für die Hexen ist diese Zahl durch ihre Verbindung zur Großen Göttin von Bedeutung. Viele organisierte Hexenzirkel nehmen nicht mehr als 13 Mitglieder auf. Über den Menstruationszyklus sind Frauen mit dem Mond und der Zahl 13 verbunden. Erst das frauenverachtende, patriarchalische Element im Christentum machte aus der weiblich zentrierten 13 eine Unglückszahl. Laß dir also vom »Freitag, dem 13.« keinen Schreck einjagen!

5. Vergiß nicht die vier Elemente

Feuer, Wasser, Luft und Erde

Die traditionellen vier Elemente strukturieren die materielle Welt, wenn schon nicht im chemischen Sinne, wie man einst glaubte, so doch im symbolischen. Ich betrachte sie auch noch als eine Abfolge von Energieformen, die den Weg der Materialisierung der Urenergie zeigen.

Am Anfang ist alles, was ist, ein göttlicher Funke (Feuer), der Keim einer Idee, ein Blitz in der Unendlichkeit. Gefällt die Idee, dann kommt Gefühl (Wasser) als emotionale Nahrung hinzu. Dadurch erstarkt die Idee und kann so zu einer gedanklichen und geistigen Form (Luft) werden, die sich fortsetzt, um sich in der Materie (Erde) zu verwirklichen.

Manche Lehren gehen davon aus, daß es noch ein fünftes Element, den Spirituellen Geist, gibt. Er gehört für mich jedoch nicht mehr zu den Vehikeln der diesseitigen Welt. Das ganze Buch handelt von diesem Geist, dem ich mich über die vier Elemente zwar annähern kann, der sie alle durchdringt, aber selbst nicht zu beschreiben ist. Der Spirituelle Geist, wenn du so willst die PSI-Energie, ist eine autonome Kraft und nicht vergleichbar mit den vier Elementen. Diese sind lediglich Ausdrucksformen des unendlichen Geistes.

Die vier Elemente gehören zu jedem magischen Ritual,

das in der diesseitigen Welt Erfolge bringen soll. Achte darauf, daß sie entweder geistig visualisiert oder durch ein Symbol anwesend sind. Eine Duftlampe vereint beispielsweise alle vier Elemente in sich. Das Gefäß entspricht der Erde, unten brennt das Feuer, welches das Wasser erhitzt, von dem gasförmig, also der Luft verwandt, der »Geist der Pflanze«, ihr Aroma aufsteigt.

Feuer (männlich)

steht für:	Zündfunke, Idee, Energie, Lebenskraft, Optimismus, Aktivität, Selbstbewußtsein, Eingebung
Funktion:	Intuition, PSI-Energie
Tierkreiszeichen:	Widder, Löwe, Schütze
Farben:	Rottöne, Gold, Orange
Tiere:	Salamander, Drache, Löwe
Rituelle Gegenstände:	Zauberstab, Weihrauchschale, Kerzenflamme

Wasser (weiblich)

steht für:	Emotionen, Kreativität, Empfindsamkeit, Phantasie, Träume
Funktion:	Gefühl, Medialität
Tierkreiszeichen:	Krebs, Skorpion, Fische
Farben:	Blautöne, Zartrosa, Blaugrün

| Tiere: | Fische, Muscheln, Krebse, Frösche |
| Rituelle Gegenstände: | Wasserschale, Kelch |

Luft (männlich)

steht für:	Verstand, Geist, Gedanken-kraft, aktive Imagination, Struktur, Kommunikation
Funktion:	Denken, Telepathie
Tierkreiszeichen:	Zwillinge, Waage, Wasser-mann
Farben:	Gelb, Zartblau, Weiß
Tiere:	Vögel, Libellen, Pegasus, das geflügelte Pferd
Rituelle Gegenstände:	Schwert, der Rauch des Räucherwerks, der Duft der Aromalampe

Erde (weiblich)

steht für:	Materie, Körper, sinnliche Wahrnehmung, Nahrung, Geld, Geburt und Tod
Funktion:	sinnliche Empfindung, Psychokinese
Tierkreiszeichen:	Stier, Jungfrau, Steinbock
Farben:	Grün, Brauntöne, Ocker
Tiere:	Kuh, Schwein, Ziege, Käfer
Rituelle Gegenstände:	Münze, Pentagramm

6. Die Farben und ihre Bedeutung:

Die spirituelle Kraft der Farben

bekommst du zu spüren, wenn du in deinen Trance-reisen damit arbeitest. Aber auch in Träumen und im Alltag begegnen dir Farben, die zu z. B. bei der be-wußten Auswahl deiner Kleidung heilend einsetzen kannst.

Im magischen Ritual dienen Farben als »Verstärker« von Kraft und Emotion. Ich arbeite gern auf verschie-denfarbigen Tüchern. Je nach Sinn und Zweck wähle ich die entsprechende Farbe für mein Tun.

Rot
ist eine der Grundfarben und steht für Ursprung, Zündfunke, Energie, Macht, tätige Handlung, Kampf, Aktivität, Lebensfreude und Lebenskraft, Wärme, Feu-er, körperliche Vitalität, physische Geborgenheit, Neu-es. Rot unterstützt die Sinne, weckt deine Lebensener-gie, gibt Stärke und Autorität.

Orange
ist die Mischung aus Rot und Gelb, aus Lebensfreude und -kraft und Wissen, Verstand. Es bedeutet Freude, Leuchtkraft, Austausch, aktive Ansprache, Sexualität und Bewegung auf das Du hin. Es verbreitet Freude und Wärme, regt an, fördert Ideen und geistige Kon-zepte, vertreibt Depressionen.

Gelb

symbolisiert Kommunikation, Expansion, Beweglich-keit, Licht, Bewußtsein, geistige Vitalität, Leichtigkeit, Neues. Es wirkt nervenstärkend, anregend und luftig. Der spirituelle Aspekt verbindet uns mit dem geistigen Teil des höheren Selbst und der Seele.

Grün

ist die entspannte Mitte aus Gelb und Blau und bedeu-tet daher Balance, Ausgleich, Naturverbundenheit, die Ebene des Daseins und der materiellen Welt. Grün ist die Farbe der Lebendigkeit und Frische. Es gibt uns aber auch Entspannung, Beständigkeit, Vertrauen, Ge-lassenheit. Hellgrün in Verbindung mit Rosa ist gut für Herzensangelegenheiten.

Blau

ist wie Gelb und Rot eine Grundfarbe und beinhaltet das Prinzip des In-sich-Aufnehmens, der Meditation, der Tiefe und Ferne, der Ruhe und Traumwelt. Es ist die Farbe der Sehnsucht und Treue, der Dämmerung und des Wäßrigen. Es führt uns zum Selbstausdruck und nach innen ins Unbewußte. Wirkt kühlend, beru-higend und harmonisierend. Spirituelle Aspekte sind Wahrheit, Wissen, Erforschung.

Violett

ist die Mischung aus Rot und Blau und steht für Introversion und tiefe Meditation. Es ist die Schwelle zum Unsichtbaren, im Lichtspektrum kommt danach das unsichtbare Ultraviolett. Auch ist es die mystische Farbe der Gotik. Es bedeutet Verbindung zu Spiritualität und Intuition, zum Kosmos. Es steht für spirituelle Kommunikation, für tiefstes inneres Wissen.

Purpur
stellt die höchste spirituelle Verbindung dar, Verbindung zum Göttlichen, zum Ewigen, All-Eins-Sein. Es ist Symbol für heilige Kraft und Integration. Das Purpur war früher den Königen und Kardinälen vorbehalten.

Schwarz
Nacht, Abgrenzung, es ist Symbol für das Unbewußte und es besitzt Undurchdringlichkeit. Aber es gibt auch ein kreatives Schwarz, als Symbol für das Urpotential. Schwarz brauchst du, wenn du in den Urschoß, aus dem alles Seiende geboren ist, hinabtauchen und das Mysterium des Todes und der Wiedergeburt ergründen willst. Tauche in einen schwarzen Schacht, an dessen Ende ein Licht ist.

Weiß
symbolisiert als mystische Farbe die Unsterblichkeit, es ist das reine Licht, sowohl im spirituellen Sinn als auch in der Physik. Weiß enthält alle Spektralfarben zu gleichen Teilen. Es ist ein Zeichen für Reinheit und bei deinen Visualisierungen immer eine gute Wahl.

Farbzuordnungen zu den Planeten:

Farbe	Planet	Metall	spendet	im Übermaß
Goldgelb	Sonne	Gold	Wärme	Hitze
Grün, Weiß, Blaugrau	Mond	Silber	Kühle	Kälte
Rot, Orange	Mars	Eisen	Kraft, Energie	Auszehrung
Gelb	Merkur	Queck-silber	geistige Beweglich-keit	Überdreht-heit
Purpur	Jupiter	Zinn	Großzügig-keit	Größen-wahn
Hellblau	Venus	Kupfer	Harmonie	Abhängig-keit
Violett, Indigo, Schwarz	Saturn	Blei	Festigkeit	Starre, Härte
Blaugrün	Uranus	Alumi-nium	Innovation	Zerstörung
Ultra-marin	Neptun	Titan	Träume	Entrückt-heit
Rot	Pluto	Eisenerz	Trans-formation	Aus-löschung

Quellen und Literaturhinweise

Bächtold-Stäubli u. a.: Handwörterbuch des deutschen Aberglaubens, Berlin 1932

Bourne, Lois: Autobiographie einer Hexe, Knaur 1987

Brennan, Barbara Ann: Lichtarbeit, Goldmann 1987

Deaver, Korra: Magische Kräfte und Spiritualität, Knaur 1991

Eliade, Mircea: Schamanismus und archaische Ekstasetechnik, Suhrkamp 1991

Evers, Dietrich: Felsbilder – Botschaften der Vorzeit, Urania Leipzig

Fischer, Reinhard: PSI in der Malerei und Fotografie, Ariston 1981

Golowin, Sergius: Die weisen Frauen, Sphinx 1982

Hamann, Brigitte: Die zwölf Archetypen, Knaur 1991

Harner, Michael: Der Weg des Schamanen, Rowohlt 1986

Jung, C. G.: Bewußtes und Unbewußtes, Fischer 1990

Jung, C. G.: Synchronizität, Akausalität und Okkultismus, dtv 1990

Jung, C. G., u. a.: Der Mensch und seine Symbole, Walter Verlag 1968

Kalweit, Holger: Die Welt der Schamanen, Fischer 1984

Klossowski de Rola, Stanislas: Alchemie, Knaur 1974

Kötting, Bernhard: Peregrinatio Religiosa – Wallfahrt und Pilgerwesen in Antike und früher Kirche, Regensburg/Münster 1950

Kraus, Michael: Ätherische Öle, Orbis Verlag 1993

Kriss, Rudolf: Wallfahrtsorte Europas, Hornung Verlag 1950

Levey, Joel: Die Kunst der Entspannung, Konzentration und Meditation, Hugendubel 1991

Markham, Ursula: Universelle Kräfte der Edelsteine und Kristalle, Hugendubel 1990

Marks, Tracy: Schwierige Aspekte (Astrologie), Hier & Jetzt 1990

Matthews, Caitlin: Die Göttin, Aurum 1989

Nettesheim, Agrippa v.: De occulta Philosophia, Drei Bücher über die Magie, Greno

Ostrander-Schroeder: PSI – Die wissenschaftliche Erforschung und prakt. Nutzung übersinnlicher Kräfte des Geistes und der Seele im Ostblock, Scherz-Verlag

Palmer, Magda: Die verborgene Kraft der Kristalle und der Edelsteine, Heyne 1989

Purner, Jörg: Radiästhesie – Ein Weg zum Licht?, Astrodata 1993

River, Lindsay/Gillespie, Sally: Zeitknoten – Astrologie und weibliches Wissen, Goldmann 1991

Roney-Dougal, Serena: Wissenschaft und Magie, Zweitausendeins 1993

Ryzl, Dr. Milan: ASW-Training, Goldmann 1984

Starhawk: Der Hexenkult als Ur-Religion der Großen Göttin, Goldmann 1992

Tegtmeier, Ralph: Der Geist in der Münze, Goldmann 1988

Tisserand, Robert: Aromatherapie, Bauer Verlag 1989

Walker, Barbara G.: Das geheime Wissen der Frauen, Zweitausendeins 1993

Weiler, Gerda: Ich brauche die Göttin – Zur Kulturgeschichte eines Symbols, Mond-Buch Verlag, 1990

Wolff, Katja: Magie – Kunst des Wollens, Macht des Willens, Knaur 1992

Zeitschrift für deutsches Alterthum, Bd. 7, 1849

Die in diesem Buch verkleinert abgebildeten Holz- und Linolschnitte sind als farbige Originaldruckgrafiken im Handabzug in limitierter Auflage per Versand erhältlich.

Info und Bestellung über Telefon 0821/15 74 43.